뉴시티 교리문답 커리큘럼

인도자 가이드 2

죠이선교회는 예수님을 첫째로(Jesus First)
이웃을 둘째로(Others Second)
나 자신을 마지막으로(You Third) 둘 때
참 기쁨(JOY)이 있다는 죠이 정신(JOY Spirit)을 토대로
하나님 나라의 확장을 위해 지역 교회와 협력, 보완하는
선교 단체로서 지상 명령을 성취한다는 사명으로 일합니다.

죠이선교회 출판부는 그리스도를 대신한 사신으로
문서를 통한 지상 명령 성취와 하나님 나라 확장을 위해 노력합니다.

The New City Catechism Curriculum, Vol. 2, Leader's Guide: Christ, Redemption, Grace, Questions 21-35
Copyright © 2018 by The Gospel Coalition
Published by Crossway
a publishing ministry of Good News Publishers
Wheaton, Illinois 60187, U.S.A.

This Korean translation edition © 2018 by JOY Books, Seoul, Republic of Korea.
This edition published by arrangement with Crossway
through rMaeng2, Seoul, Republic of Korea.
All rights reserved.

이 한국어판의 저작권은 알맹2 에이전시를 통하여 Crossway와 독점 계약한 죠이북스에 있습니다.
신 저작권법에 의하여 한국 내에서 보호받는 저작물이므로 무단 전재와 무단 복제를 금합니다.

죠이북스는 죠이선교회의 임프린트입니다.

뉴시티 교리문답 커리큘럼

인도자 가이드 2

성자 하나님, 구속, 은혜

문답 21-35

서문

「뉴시티 교리문답 커리큘럼」에 오신 여러분을 환영합니다! 여러분이 돌보는 아이들이 그리스도의 제자로서 신학적으로 탄탄하고, 확신에 차며, 덕스럽고, 용기 있는 사람이 되는 데 이 커리큘럼이 좋은 자료가 되길 기도합니다. 이 커리큘럼은 쉰두 개의 수업으로 구성되어 있습니다. 각 과는 「뉴시티 교리문답」에 있는 질문을 하나씩 다루고 있습니다. 이 커리큘럼은 주로 초등학생을 대상으로 하지만, 교회학교, 홈스쿨, 기독교 학교, 방과 후 교실 등 매우 다양한 상황에서 활용할 수 있도록 구성되어 있습니다. 지역 교회와 가정에서 함께 이 교리문답을 가르친다면, 더욱 유익할 것입니다.

교리문답이 무엇인가요?

교리문답(catechism)은 성경의 교리들을 모은 것으로, "질문"과 "대답" 형식으로 이루어져 있습니다. 이 용어는 신약 성경에 나오는 "카테오"(katecheo)라는 단어에서 비롯되었습니다. 카테오는 간단히 말하면 "가르치거나 지도하다"라는 뜻입니다. 교리 교육 과정은 종교개혁에 그 뿌리를 두고 있습니다. 마르틴 루터, 장 칼뱅, 그리고 다른 여러 종교개혁자는 교리와 성경에 무지하지 않도록 아이와 어른 모두에게 교리를 가르치려고 애썼습니다. 교회사를 살펴보면, 성경에 근거한 이 교리 교육 과정이 아주 결정적인 순간에 매우 큰 영향을 주었다는 것을 증명하고 있습니다. 우리는 그리스도의 백성이 늘 변화하고 때로 적대적인 문화에 맞서 굳건히 버티기 위해서는 무엇보다 이 오래된 교육이 교회에 필요하다고 믿습니다.

이 커리큘럼의 목적은 무엇인가요?

아이들에게 교리를 가르치기 위하여!

아이들은 끊임없이 배웁니다. 아이들이 지닌 탐구 정신은 정말 놀라운 속도로 정보를 빨아들입니다. 그들은 살아가기 위해서, 그리고 더 나아가 번성하기 위해서 기술을 습득하며 복잡하고도 변화무쌍한 세상을 이해하려고 노력합니다. 그렇게 배우는 동안 아이들의 정신에는 이해의 틀이 세워집니다. 우리는 이것을 세계관이라고 부릅니다. 아이든, 어른이든 누구나 나름의 세계관을 통해 세상을 관찰하고 세상과 소통합니다. 아이를 키우면서 그들에게 세상과, 세상이 돌아가는 방법과, 그 세상에서 그들이 지닌 고유한 목적을 이해시키는 것은 가슴 뛰면서도 매우 큰 책임이 따르는 일입니다.

아이에게 교리를 가르친다는 것은 논리 정연하고 폭넓은 사고 체계를 심어 주어 성경적 틀 안에서 세상과, 그 안에서 겪은 자신의 경험을 자신 있게 해석하도록 준비시키는 것입니다. 또한 신앙에 필요한 기본 교리를 이해하고 사랑하도록 아이들을 양육하는 것입니다. 아이에게 교리를 가르치는 것은 평생의 믿음을 위해 깊고 굳건한 성경적 기반을 다지는 일입니다.

덕을 세우기 위하여!

「뉴시티 교리문답 커리큘럼」은 아이들이 건전한 교리를 배울 뿐 아니라 그 교리에 반응하고 교리대로 살아가도록 돕기 위해 만들어졌습니다. 「뉴시티 교리문답」에 있는 각 질문은 그리스도인의 열 가지 덕목 가운데 하나를 다루는 "덕목 찾기"(Virtue Vision)를 포함하고 있습니다. 어떤 면에서 이 열 가지 덕목은 교리문답의 질문과 연결됩니다. 그 덕목은 "경외, 용서, 감사, 정직, 희망, 겸손, 기쁨, 사랑, 인내, 신뢰"입니다.

「뉴시티 교리문답 커리큘럼」에서 강조하고 의도하는 것은 각 과를 배우는 아이들의 마음을 가꾸어 주고 그 마음에 중요한 영향을 끼치는 것입니다. 교리문답이 경건하고 성숙하며 덕스러운 젊은이들을 양육하는 데 크게 기여하리라는 희망을 품고 말입니다. 이것은 행동을 변화시키기보다는 아이들이 교리문답과 커리큘럼을 통해 하나님 말씀을 마주할 때 세심한 마음으로 그 말씀을 의식하도록 돕는 것입니다. 이 커리큘럼은 성경으로 빚어져서 이 시대를 거스르며 세상에서 우뚝 서는 성숙한 그리스도인의 특성을 아이들 안에 키우고자 합니다. 이 커리큘럼은 아이들의 마음과 생각 모두를 그리스도인답게 단련시켜 하나님과 이웃을 사랑하도록 준비시킵니다(아이들 안에 믿음과 덕목을 키우는 데 도움을 줄 정보와 연구 자료를 더 찾고 싶다면, newcitycatechism.com/virtue를 방문하십시오).

커리큘럼 활용법

「뉴시티 교리문답 커리큘럼」은 초등학생에 맞추어 흥미롭고 활동적이며 창의적인 과정으로 기획되었습니다. 이 커리큘럼은 문1에서 시작하여 문52에 이르기까지 순서대로 가르치도록 구성되어 있습니다. 한 주에 한 과씩 다룬다면, 일 년 동안 가르칠 수 있습니다. 그러나 이 과정은 각 교회나 학교 일정에 맞추어 얼마든지 바꿀 수 있습니다.

커리큘럼은 세 권으로 나뉘어 출간되었습니다.

1권 : 성부 하나님, 창조와 타락, 율법(문답 1-20에 해당하는 스무 과)
2권 : 성자 하나님, 구속, 은혜(문답 21-35에 해당하는 열다섯 과)
3권 : 성령 하나님, 회복, 성화(문답 36-52에 해당하는 열일곱 과)

각 과의 분량은 다양한 상황에 맞추어 변형할 수 있습니다. 13쪽에 있는 "학습 계획"의 세 가지 예시를 참고하십시오. 학습 계획 예시들은 분량이 다양한데, 이것은 각 수업 환경에 맞도록 커리큘럼을 적절하게 조정할 수 있다는 것을 강조합니다. 가장 기본이 되는 요소들은 가장 짧은 개요에 포함되어 있습니다. 시간을 더 많이 활용할 수 있다면, 기본 요소들을 보강해 줄 다른 활동들을 선택하여 좀 더 긴 학습 개요를 적용할 수도 있습니다.

각 요소에는 시간이 할당되어 있습니다. 즉 이것은 대략적인 안내서일 뿐이라는 의미입니다. 한 요소에 걸리는 시간은 함께 학습하는 아이의 수나 연령대, 교사 수 등 여러 요인에 따라 달라질 수 있습니다. 각자 상황에 따라 각 요소에 얼마나 시간이 필요할지를 신중하게 정하십시오. 활동이 잘 진행된다면 할당된 시간을 넘길 수도 있습니다. 또는 시간을 다 채우지 않고 마무리하는 것이 더 좋은 방법일 수도 있습니다.

수업 계획안에 규정된 대로 정확하게 해야 한다는 의무감은 버려도 됩니다. 아이들이 좋아하는 특정 교리문답 정리 방식이 있다면, 수업 계획안에서 지시하는 방식보다는 그 방식을 자유롭게 활용하십시오. 마찬가지로 아이들이 더 잘 암송하도록 돕는 특정 방법이 있다면, 그 방법을 더 많이 활용하십시오.

어떤 반에는 조용한 활동을 좋아하는 아이들이 모여 있을 것입니다. 또 어떤 반에는 몸을 움직이는 활동을 좋아하는 아이가 많을지도 모릅니다. 아이들에 따라 효과가 분명한 방식을 적용하여 교리를 설명하십시오. 그럴수록 「뉴시티 교리문답 커리큘럼」을 통해 더 성공적으로 아이들을 훈련할 수 있을 것입니다.

암송은 이 커리큘럼의 기본 요소입니다. 이 커리큘럼의 핵심은 아이들이 교리문답의 질문과 대답, 그리고 그에 따른 성경 구절을 배우도록 돕는 것입니다. 각 과는 암기 과제

(교리문답 정리)로 시작해서, 암송 놀이(암송 활동)로 마무리됩니다. 교리문답 정리는 아이들이 그동안 배운 교리문답의 질문들을 기억해 내고 강화하도록 돕습니다. 암송 활동은 성경 구절을 배우거나 새로운 교리문답의 질문을 암송하는 데 활용될 수 있습니다.

때로 교리문답 정리 부분에서는 다양한 활동에 맞춰 질문과 대답을 다양한 크기로 프린트할 필요가 있습니다. "(다운로드)"라는 표시는 이 활동을 위해 준비한 PDF를 죠이북스 홈페이지(www.joybooks.co.kr) 자료실에서 다운받을 수 있다는 의미입니다.

많은 과에 포함된 시각 자료들은 자료집에서 찾아볼 수 있습니다. 이 자료들은 자료집에서 복사하거나 죠이북스 홈페이지 자료실에서 다운받을 수 있습니다. 어떤 자료는 활동에 필요한 연습 문제지입니다. 그런 경우에는 아이 한 명당 하나씩 필요합니다. 또 어떤 자료는 함께 토론하는 데 유용한 시각 보조 자료입니다. 이 자료용 사진이나 그림은 확대해서 프린트하거나 복사하면 더 유용할 것입니다.

아이들을 더 잘 이끌고 사랑하기 위한 방법

아이들은 사랑이 풍성한 환경에서 가장 잘 배웁니다. 한결같은 수업 인도는 아이와 인도자 사이에 좋은 관계를 맺을 수 있게 합니다. 비록 이것이 늘 유지되도록 하는 것은 힘들겠지만 얼마간은 지속하는 것을 강하게 권합니다.

어떻게 기도할 것인가

여러분이 가르치는 아이들을 더욱 사랑하는 가장 좋은 방법은 그 아이들을 위해 꾸준히 기도하는 것입니다. 아이들을 일곱 팀으로 나누십시오. 그리고 일주일 동안 하루에 한 팀씩 아이들을 위해 기도하십시오.

수업을 시작하기 전에 인도자들은 함께 모이십시오. 그리고 교리를 배우는 아이 한 사람 한 사람의 마음과 생각에 하나님이 일하시길 기도하십시오.

수업을 어떻게 계획할 것인가

수업 계획은 매우 중요합니다. 수업 전날 밤에 벼락치기하듯 준비하는 것은 좋지 않습니다!

여러분이 돌보는 아이들에게 신실하고 호감이 갈 만한 방식으로 교리를 가르칠 수 있도록 하나님이 도와주시길 기도하며 수업 계획을 시작하십시오(각 과마다 인도자가 드릴 기도가 포함되어 있습니다). 커리큘럼 자료를 충분히 읽으면서 수업 계획을 세우는 데 활용할 요소들을 주의 깊게 생각하십시오. 시간 배분에 주의를 기울이십시오. 특히 성경 본문을 제대로 가르칠 시간을 충분히 남겨 두십시오.

여러분의 수업 계획에 포함시킬 요소들을 결정했다면, 인도자가 준비해야 할 목록("준비하십시오")을 살펴보고 수업에 필요한 자료가 무엇일지 정합니다. 보조 자료를 구매해야 할 수도 있으므로 많은 시간을 들여 이 목록을 꼼꼼히 점검하는 것이 중요합니다. 목록에 실린 보조 자료는 대부분 쉽게 구할 수 있습니다.

마지막으로 성경 본문과 "수업 개요"를 여러 번 읽으십시오. 수업 개요는 단지 안내자일 뿐입니다. 저마다 자신이 가르치는 아이들과 상황에 맞추어 수업 개요를 더 상세히 하거나 변형할 수 있습니다. 여러분 자신의 말로 이야기를 써 보십시오. 그리고 여러분이 가르치는 아이들과 연관될 만한 사례와 적용을 포함해 보십시오.

각 과마다 "토론과 질문" 시간이 있습니다. 이 부분은 인도자가 아이들에게 질문하는 시간이 아닙니다. 그보다는 아이들이 물을 만한 질문들에 인도자가 대비할 수 있도록 도와주는 부분입니다. 여러분이 가르치는 아이들이 던지는 질문은 모두 다를 것입니다. 여러분이 하나님 말씀에 따라 잘 대답할 수 있도록 성령님께 도움을 구하는 것이 꼭 필요합니다.

반을 어떻게 운영할 것인가

아이들은 경계선이 확실한 상황에서 즐거워하고 잘 성장합니다. 함께 공부하는 동안 어떻게 행동하길 바라는지를 아이들과 명확하게 소통하십시오. 예를 들면 다음과 같습니다.

- 하고 싶은 말이 있을 때는 손을 든다.
- 다른 사람이 말하고 있을 때는 말하지 않는다.
- 허락 없이 공부하는 자리를 떠나지 않는다.
- 다른 아이들과 늘 사이좋게 지낸다.

그러나 아이들이 있는 곳은 학교가 아니라는 사실을 명심하십시오. 즉 경계선을 분명히 하면 도움이 되지만, 배우는 환경에는 기쁨과 은혜가 풍성해야 합니다. 인도자는 저마다 아이들에게 그리스도인의 덕목을 분명하게 보여 주는 본이 되기 위해 힘써야 합니다. 특히 「뉴시티 교리문답 커리큘럼」에서 강조하는 열 가지 덕목을 보여 주어야 합니다.

수업이 지루하거나 잠시 중단될 때면 아이들은 장난을 칩니다. 따라서 좋은 계획과 준비가 수업을 하는 데 도움을 줄 것입니다.

수다스럽거나 수업 분위기를 흐리는 아이 곁에 앉아 그 아이가 집중하고 수업에 잘 참여할 수 있도록 독려하십시오. 집중하도록 도울 때는 그 아이에게 불필요한 관심이 쏠리지 않아야 합니다. 덜 야단스러울수록 더 좋습니다.

함께 공부하는 아이들의 이름을 외우는 것이 좋습니다. 그래서 대답할 아이를 지적하거나 칭찬을 해줄 때는 이름을 부르는 것이 효과적입니다. 함께 공부하면서 아이들이 서로 이야기를 나누게 하는 것은 아이들로 하여금 적극적으로 듣는 자세를 키워 줍니다.

심각하게 문제를 일으키는 아이와는 개인적으로 만나 이야기를 나누십시오. 그 아이의 행동이 나머지 아이들에게 얼마나 해롭고 마음을 산란하게 하는지 잘 설명하십시오. 그래도 계속 문제를 일으킨다면, 그 아이의 부모님도 함께 수업에 참여시키는 것도 좋은 방법입니다.

어떻게 암송을 도울 것인가

암송을 잘하는 비결은 반복입니다! 단 한 번만 듣고도 아이들이 잘 기억하길 바라는 것은 허황된 기대입니다. 특히 창조적인 반복 학습이 암송에 도움을 줍니다. 예를 들면, 계속 반복해서 듣거나 노래를 부르면 머릿속에 잘 기억될 수 있습니다. 아이들은 다양한 방식으로 배웁니다. 듣고, 보고, 행하는 모든 방법이 아이들의 암송을 도울 수 있습니다.

복습 역시 암송을 돕는 아주 좋은 수단입니다. 그래서 「뉴시티 교리문답 커리큘럼」은 모든 과가 "교리문답 정리"로 시작합니다. 정기적인 복습은 암송 실력을 상당히 높여 줍니다. 그렇기 때문에 「뉴시티 교리문답 커리큘럼」을 교회에서뿐 아니라 가정에서도 함께 공부한다면 더욱 효과적일 수 있습니다.

설명도 암송하는 데 매우 중요합니다. 무언가를 이해하고 있다면, 기억하기가 훨씬 쉽기 때문입니다. 아이들이 교리문답의 질문과 답이 무슨 내용인지 이해한다면, 교리문답의 질문을 더욱 깊이 새길 수 있을 것입니다.

아이들 마음에 어떻게 적용시킬 것인가

아이들을 훈련하고 지도하는 일과 그들의 마음을 보살펴 그들의 특성을 잘 살리는 일은 아주 긴밀하게 연결되어 있습니다. 그렇기 때문에 아이들을 가르치는 사람인 인도자는 아이들이 배운 내용이 머리에서 가슴으로 옮겨 가도록 돕는 일에 관심을 기울여야 합니다. 지식적으로 무언가를 알고 이해하는 것과 진리에 깊이 영향을 받은 마음을 품는 것은 큰 차이가 있습니다.

그렇다면 아이들을 가르치고 훈련하며 교리를 교육할 때, 그 아이들의 마음을 어떻게 사로잡아야 할까요? 우선 그 일이 쉽지 않다는 것을 인정해야 합니다. 그 일은 굉장히 힘들 뿐 아니라 굳은 결의가 필요합니다. 성경을 잘 가르치는 일, 즉 지식을 머리에 넣는 일은 상당히 쉽습니다. 반면 그 성경을 아이들 마음에 잘 심어 주는 일, 즉 지식이 가슴에서 잘 자라게 하는 일은 상당히 어렵습니다.

마음의 틀을 짜고 형태를 만드는 일은 과정이라는 사실을 기억하는 것이 중요합니다. 그 일은 시간이 걸릴 뿐 아니라 나이와 시기, (육체적, 정서적, 사회적) 발달 정도에 따라 아이들마다 모두 다르게 나타납니다. 영적 성숙에 관해서라면 더욱 모든 상황이 같지 않습니다.

아이들에게 "마음의 언어"를 사용해 보십시오. 마음의 언어는 아이들의 마음이 중요하다는 것과 그 마음이 삶의 방식에 영향을 끼친다는 것을 아이들 안에 스며들게 하는 데 도움이 될 것입니다.

인도자가 매주 바뀐다면, 아이들에게 진정으로 마음 깊이 적용시키는 일이 훨씬 어려워집니다. 인도자와 아이들의 관계가 깊어지지 못하기 때문입니다. 인도자가 아이들을 잘 알아야 아이들에게 말씀을 잘 적용할 수 있습니다. 아이들의 마음을 사로잡아 (단순히 지식으로의 하나님에 대해서가 아니라) 하나님을 잘 알게 하려면 의미 있는 관계를 맺어야 합니다. 아이들은 자기 마음에 하나님 말씀을 적용하고자 애쓰고, 자신들 앞에서 정직하고 투명한 삶을 살아가는 그리스도인 어른들의 삶을 정기적으로 접해 봐야 합니다.

덕목은 단순히 가르쳐서 되는 것이 아닙니다. 삶으로 보여야 합니다! 인도자는 자신의 삶에 그리스도인의 특성을 드러내어 오늘날 이 세상에서 이 교리들을 어떻게 살아내는지를 아이들에게 본으로 보여야 합니다. 인도자가 진정한 신앙을 드러내고 덕목대로 살아간다면, 아이들에게 매우 유익하고 큰 용기를 불어 넣어 줄 수 있습니다. 또한 인도자의 영혼도 분명 성장할 것입니다.

이야기를 나누며 분명한 예시와 사려 깊은 적용을 활용하는 것은 아이들의 마음을 사로잡는 데 매우 중요한 방법입니다. 그렇기 때문에 자신이 가르치는 아이들에게 더 깊은 반향을 일으킬 수 있도록 「뉴시티 교리문답 커리큘럼」의 수업 개요를 저마다 자기 상황에 맞추는 작업이 매우 중요합니다.

아이들을 효과적으로 참여시키려면, 아이들의 마음을 알고 이해하기 위해 엄청난 노력을 쏟아야 합니다. 특히 아이들이 우상으로 숭배하고 싶어 하는 것은 더욱 그렇습니다. 이 말은 인도자가 아이들의 세상을 잘 알고 이해해야 한다는 의미입니다. 아이들이 보는 것과 배우는 것, 또래 아이들이 말하는 것, 그리고 궁극적으로 아이들이 세상에서 마주하는 세계관을 알아야 합니다.

마음을 참여시키고자 애쓸 때는 아이들과 일대일로 공부하는 방식이 특히 유용합니다. 교실에서 또는 부모님과 집에서 배울 때는 일대일로 공부할 수 있습니다. 일대일로 공부할 때는 아이들이 인도자에게 마음을 꿰뚫는 질문을 하기도 하고, 다시 인도자가 아이들에게 그러한 질문을 던질 수도 있습니다.

우리는 아이들에게 자기 마음에 설교하는 기술을 가르칠 기회를 얻었습니다. 이 기술 때문에 교리문답이 끊임없이 활용되는 것입니다.

멜라니 레이시
"어린이와 청소년을 위한 신학"(Theology for Children and Youth) 책임자
오크힐 대학

학습 계획

75분 수업 계획
- 교리문답 정리(5분)
- 질문 소개(5분)
- 활동(10분)
- 수업 개요(15분)
- 활동(10분)
- 토론과 질문(5분)
- 덕목 찾기(10분)
- 암송 활동(10분)
- 마치는 기도(5분)

45분 수업 계획
- 교리문답 정리(10분)
- 질문 소개(5분)
- 수업 개요(15분)
- 토론과 질문(5분)
- 덕목 찾기(10분)

30분 수업 계획
- 교리문답 정리(10분)
- 질문 소개(5분)
- 수업 개요(15분)

→ 아이들에게 가장 효과적인 시간을 선택하여 **활용하십시오.**

→ 아이들에게 가장 효과적인 수업 요소들을 서로 섞고 수정하는 것을 **두려워하지 마십시오.**

신조로 가는 아이스 2

성자 하나님
구속
은혜

문21

우리가 하나님께 다시 인도되려면 어떠한 구속자가 필요합니까?

답

참 인간이자 참 하나님인 구속자가 필요합니다.

핵심 개념
사람과 하나님이 화목하기 위해서 완전한 하나님이자 완전한 인간인 구속자가 필요했다.

목적
하나님께서 완전한 인간이자 완전한 하나님이신 한 구속자를 보내기로 계획하셨다는 사실을 아이들이 이해하도록 돕는다.

성경 본문
이사야 9장 1-7절

암송 구절
"이는 한 아기가 우리에게 났고 한 아들을 우리에게 주신 바 되었는데 그의 어깨에는 정사를 메었고 그의 이름은 기묘자라, 모사라, 전능하신 하나님이라, 영존하시는 아버지라, 평강의 왕이라 할 것임이라"(사 9:6).

핵심 덕목

용서

Notes

기억하십시오

아이들은 다채롭다 못해 때로는 혼란스럽기까지 한 세상에서 자라고 있습니다. 세상에는 수없이 많은 종교가 있으며, 모두 나름대로의 사상을 내놓습니다. 아이들에게는 다양한 종교가 지닌 차이를 이해해 보려는 것도 벅찬 일일 수 있습니다. 하지만 아이들이 반드시 알아야만 하는 가장 중요한 것이 있습니다. 바로 다양한 종교가 예수님의 본성과 지위를 어떻게 이해하느냐를 파악하는 것입니다. 그리스도인은 예수님이 완전한 하나님이자 완전한 인간이라고 믿습니다. 즉 그분은 신성과 인성을 동시에 지니신 분입니다. 다른 어떤 신앙 전통도 하나님이 하늘의 영광을 버리시고 예수님과 같이 사람으로 성육신했다고 믿지 않습니다. 이번 문답은 아이들이 구속자이신 예수님의 고유성을 이해하도록 도울 것입니다. 그리고 아이들에게 하나님께서 완전한 하나님이자 완전한 사람인 한 구속자를 보내기로 계획하셨고 또 약속하셨음을 보여 줄 것입니다.

수업을 계획하고 가르칠 때 기억할 것들

- 성육신이라는 개념이 친숙한 아이들도 있을 것입니다. 하지만 그 아이들도 성육신이 얼마나 놀라운 일인지에 대해서는 생각해 보지 못했을 것입니다. 이 구속자가 얼마나 독특한 분인지 곰곰이 생각해 볼 수 있도록 도와주십시오.
- 예수님이 완전한 인간이자 완전한 하나님이라는 사실은 이해하기 어렵습니다. 한 사람이 두 가지 본성을 지닌다는 개념을 받아들이기 어려워하는 아이들이 이 진리를 확신할 수 있도록 도우십시오.
- 인도자는 자신이 정한 시간 계획에 맞추어 이 문답에 있는 활동을 섞거나 수정할 수 있습니다(학습 계획을 예시한 13쪽을 참조하십시오). 그 요소들을 모두 할 시간이 없을지도 모릅니다. 여러분이 가르치는 아이들의 강점과 약점에 따라 각 활동을 자유롭게 응용하십시오.

기도하십시오

구속하시는 하나님, 성육신의 신비에 하나님을 찬양합니다. 예수님이 인성과 신성을 함께 지니셨다는 그 심오한 진리를 깨달을 수 있도록 저를 도와주십시오. 이 문답을 배우는 아이들에게 이해하는 마음을 허락해 주십시오. 하나님을 더욱 깊이 이해하면서 엄청난 기쁨을 보게 해주십시오. 예수님의 이름으로 기도합니다. 아멘.

문21 | 우리가 하나님께 다시 인도되려면 어떠한 구속자가 필요합니까?

준비하십시오

- 포스터 보드 또는 접시
- 테이프
- 종이컵 스무 개
- 휴지
- 고무줄
- 사탕 또는 작은 선물

- "문21 세계 종교 삽화"(자료집)
- "문21 인성과 신성"(자료집), 아이 수만큼
- 니케아 신경 복사본
- 듀플로 또는 메가 블록
- 접착 메모지
- 종이

🕔 교리문답 정리

스무 개의 종이컵을 포스터 보드나 접시에 붙이십시오. "문21 교리문답 정리"(다운로드)를 프린트하고 자르십시오. 그리고 문답별로 하나씩 자른 종이를 컵에 넣으십시오. 몇몇 개의 컵에는 사탕 또는 작은 선물을 넣으십시오. 컵 입구를 휴지로 가리고 고무줄로 묶어 주십시오.

교실 앞에 접시를 놓고 아이들에게 선물을 받을 수 있다고 말해 주십시오! 아이들에게 컵 안에는 교리문답이 있으며, 바르게 답하면 선물이 있다고 설명해 주십시오. 또 어떤 컵에는 질문이 들어 있지 않다고 말해 주십시오. 하지만 그 안에는 사탕 또는 작은 선물이 있습니다. 아이들에게 각각 일어나서 컵을 고르게 하십시오. 만약 한 아이가 교리문답에 바르게 답하지 못한다면, 다른 아이를 불러 대신 답하게 하십시오.

🕔 문21 소개

"문21 세계 종교 삽화"(자료집)를 준비하십시오.

아이들에게 세계의 여러 종교는 예수님에 관해서 다르게 믿는다고 설명하십시오. 이슬람교, 유대교, 힌두교, 불교가 예수님을 어떻게 믿는지 간단하게 설명하십시오.

이슬람교

- 예수님은 마리아의 아들이다.
- 예수님은 선지자이자 현인이다.
- ! 무슬림은 예수님이 하나님임을 믿지 않는다.

유대교

- 예수님은 마리아의 아들이다.
- 예수님은 사람들이 좋아하고 존경하는 선생

17

Notes

님이었다.
- 예수님은 초자연적인 능력이 있었다.

! 유대인은 예수님이 하나님임을 믿지 않는다.

힌두교
- 예수님은 거룩한 사람이다.
- 예수님은 지혜로운 교사다.
- 힌두교 신자 중 일부는 예수님도 그들이 섬기는 신들 가운데 하나의 "신"이라고 믿는다.

! 힌두교는 예수님이 하나님임을 믿지 않는다.

불교
- 예수님은 거룩한 사람이다.
- 예수님은 각성한 사람이다.
- 예수님은 지혜로운 선생님이다.

! 불교는 예수님이 하나님임을 믿지 않는다.

문21을 읽어 주십시오. "우리가 하나님께 다시 인도되려면 어떠한 구속자가 필요합니까?" 인간이 하나님과 화목하기 위해서는 매우 특별한 구속자가 필요합니다. 세상의 많은 종교가 예수님이 인간이라는 점은 가르치지만, 예수님이 하나님이라는 점은 가르치지 않습니다. 아이들에게 기독교만이 예수님을 온전한 인간이자 온전한 하나님으로 가르친다고 설명하십시오. 이런 구속자만이 하나님과 인간의 관계를 회복할 수 있는 능력을 지니신 유일한 분입니다.

예수님은 특별한 분이기 때문에 이 개념을 이해하기가 쉽지는 않다는 것을 아이들에게 알려 주십시오. 하지만 이번 문답을 통해서 예수님에 대해서 조금이라도 더 이해할 수 있을 것이라고 독려해주십시오.

활동

아이들마다 접착 메모지가 한 장씩 필요합니다. 그리고 종이에는 캐릭터의 이름과 그 본성에 대해서 적으십시오. 아래의 예를 참고하십시오. 아이들의 연령대와 관심사에 맞춰 자유롭게 적으십시오.

- 올라프 (눈사람)
- 곰돌이 푸 (곰)
- 우디 (카우보이)
- 니모 (물고기)
- 도라에몽 (고양이)
- 볼트 (강아지)
- 포 (팬더 / 쿵푸팬더 주인공)
- 심바 (사자 / 라이온킹 주인공)
- 월-E (로봇)
- 미키마우스 (쥐)
- 스폰지밥 (해면)
- 아브라함 링컨 (사람)

아이들에게 각자 이마에 접착 메모지를 붙여

문21 | 우리가 하나님께 다시 인도되려면 어떠한 구속자가 필요합니까?

Notes

줄 것이라고 설명하십시오. 그리고 각자가 붙인 접착 메모지에는 유명한 캐릭터와, 그 캐릭터가 어떤 존재인지 적혀 있다고 말해 주십시오. 자신의 종이에 뭐라고 쓰여 있는지를 보는 것은 안 된다고 말해 주십시오.

우리가 어떤 대상을 보고 부르는 그 "무엇"이 그것의 본질 또는 본성이라고 설명하십시오. 아이들에게 예를 들어 주면 좋습니다. 다른 친구들에게 질문을 해서 자신의 이마에 붙은 메모지에 어떤 캐릭터가 적혀 있는지 알아맞혀야 한다고 말해 주십시오. 질문을 받은 친구는 "예" 또는 "아니오"로만 질문에 답할 수 있습니다. 자신의 캐릭터가 무엇인지 정확히 알아냈으면, 그 본질이 무엇인지 스스로 찾아보도록 합니다.

이 활동을 통해 아이들은 어떤 존재의 본질이라는 개념에 대해 이해할 수 있을 것입니다. 그리고 아이들은 예수님이 본질상 온전한 하나님이자 온전한 사람이라는 사실을 이해할 수 있을 것입니다.

🕒 수업 개요

수업을 시작하면서 하나님께 도움을 구하십시오. 자신이 이번 문답을 신실하게 가르치게 해달라고, 아이들이 잘 듣게 해달라고 간구하십시오.

우선, 아이들에게 자신의 본질 또는 본성이 무엇인지 물어보십시오. 그 본성은 인간이라는 사실을 확인해 주십시오! 아이들에게 그리스도인은 예수님이 온전한 인간이자 온전한 하나님이라고 믿는다는 사실을 새겨 주십시오. 예수님이 일부만 인간이거나, 일부만 하나님인 분이 아니고, 두 가지 본성을 지닌 한 분이라는 사실을 분명히 말해 주십시오.

예수님이 두 본성을 지닌 한 분임을 아이들이 이해하기란 어렵습니다. 인간이 무언가를 판단하는 기준은 자신의 경험인데, 우리에게는 오직 한 가지 본질 또는 본성만 있기 때문입니다.

교회는 역사적으로 언제나 예수님을 온전한 하나님이자 온전한 인간으로 받아들였습니다. 시간을 내어 아이들과 니케아 신경을 확인하고, 예수님의 신성(그분의 하나님 됨)과 그분의 인성을 다루는 부분을 확인해 보도록 하십시오.

이사야 9장 1–7절을 읽으십시오. 아이들이 말씀을 함께 읽을 수 있도록 성경을 준비하십시오.

이사야서는 예수님이 태어나기 수백 년 전에 기록되었습니다. 이 책은 하나님의 백성이 어렵고 어두운 시절을 겪을 때 기록되었습니다. 그들은 하나님께 반역했습니다. 이 책 내내 하나님은 그들에게 심판과 처벌이 있을 것이라고 경고하십니다. 하지만 하나님은 자기 백성을 버리지 않을 것도 약속하십니다.

9장을 시작하는 부분은 굉장히 충격적입니다. 하나님의 백성이 겪고 있던 어둡고 어려운

Notes

시절과 대조되는 미래의 때에 대해서 이야기하기 때문입니다. 이사야는 빛과 기쁨과 희망으로 가득한 시대를 약속합니다.

아이들에게 그러한 시대는 하나님이 약속하신 구주이자 구속자가 오실 때 임할 것임을 설명하십시오.

아이들의 관심을 6절로 돌리십시오. 이 구절은 하나님의 백성을 심판과 처벌로부터 구원하기 위해 보내진 구속자가 어떤 분인지를 구체적으로 드러내고 있습니다.

6절 시작은 구속자가 인간일 것임을 확인해 줍니다. 그분은 아기로 이 세상에 태어나실 것입니다. 그분은 인간의 육체를 입으실 것입니다. 이사야는 "한 아들을 우리에게 주신 바 되었는데"라는 구절로 그분은 하나님이 세상에 주시는 특별한 선물임을 묘사합니다.

이 구절 후반부는 그 구속자를 하나님으로 묘사하고 있습니다. 아이들에게 이 구절에서 구속자에게 부여된 네 가지 서로 다른 호칭을 확인해 보도록 하십시오.

구속자를 설명하는 호칭은 기묘자와 모사, 전능하신 하나님, 영존하시는 아버지, 평강의 왕입니다. 이 호칭들 모두 이사야서의 여러 부분에 등장하며, 각 용어가 모두 배타적으로 하나님만을 지칭합니다. 하나님은 25장 1절과 28, 29절에서 기묘하신 분으로 묘사됩니다. 또한 10장 21절에서는 전능하신 분으로 그려집니다. 40장 28절에는 영존하시는 분으로 묘사됩니다. 그리고 26장 3절과 12장을 보면 평화를 가져오시는 분도 오직 하나님입니다.

아이들에게 이 구절이 약속된 구속자에 관해 어떤 점을 강조하고 있는지 맞혀 보라고 하십시오.

이 구절은 그 구속자가 사람인 동시에 하나님이라고 분명히 말하고 있음을 아이들이 알 수 있도록 도와주십시오. 아이들에게 예수님이 온전한 인간이자 온전한 하나님이라는 점을 상기시키십시오. 따라서 예수님 안에는 인간의 모든 것과 하나님의 모든 것이 존재한다는 사실도 설명해 주십시오.

아이들에게 많은 사람이 예수님이 온전한 사람이라는 사실에 동의한다는 사실을 설명해 주십시오. 그런 후에 다시 세계의 종교들이 예수님에 대해서 믿는 여러 가지 사항에 다시 집중하십시오. 사람들은 예수님이 온전한 하나님이라고 믿는 것을 훨씬 어려워합니다. 아이들에게 이사야가 인간이자 하나님인 구속자가 오실 것을 예언하였다는 점을 강조하십시오.

아이들이 문21과 답을 기억하도록 도우면서 수업을 마치십시오.

이 내용은 단순히 수업 지도를 위한 것입니다. 가르치는 아이들과 상황에 따라 이 내용을 확장하거나 수정하십시오. 여러분의 말로 여러분의 이야기를 쓰십시오. 그리고 아이들에게 적절하게 응용할 만한 예화나 적용을 추가하십시오.

문21 | 우리가 하나님께 다시 인도되려면 어떠한 구속자가 필요합니까?

🔟 활동

아이들에게 각각 "문21 인성과 신성"(자료집)을 한 장씩 복사해서 나눠 주십시오. 성경책도 주십시오.

각 구절에 한 명씩을 배정하십시오. 아이들에게 순서대로 구절을 크게 읽게 하고, 그 구절이 예수님의 신성을 설명하는지 아니면 인성을 설명하는지 파악할 수 있게 하십시오. 아이들에게 각 구절에 "신", "인" 또는 "신인"이라고 적어 보도록 하십시오.

요한복음 1장 14절	디도서 2장 13절
디모데전서 2장 5절	마태복음 28장 18절
요한복음 11장 35절	요한복음 1장 1절
갈라디아서 4장 4절	누가복음 11장 17절
히브리서 4장 15절	누가복음 2장 7절
요한복음 4장 6절	마태복음 4장 2절

Notes

5️⃣ 토론과 질문

아이들은 다음과 같은 질문을 할 수도 있습니다.

? 예수님은 어떻게 온전한 인간이면서 온전한 하나님일 수 있나요?

이것은 인간의 머리로는 이해하기 어려운 개념입니다. 하지만 성경이 그렇게 가르치고, 지금까지 존재한 모든 그리스도인이 예수님이 온전한 하나님이며 온전한 사람임에 동의합니다.

? 왜 예수님을 성자 하나님이라고 하나요?

문3을 기억하십시오. 한 하나님 안에 세 위격이 존재하십니다. 그리고 그 위격은 각각 하나님입니다. 성자 하나님이 하늘을 떠나 성육신하셔서 온전한 사람이 되셨습니다.

다음 질문을 통해 아이들이 자신의 삶을, 그리고 이 교리문답이 각자에게 어떻게 영향을 줄지를 생각하도록 도와주십시오.

- 오늘 문답을 배우고 놀란 점이 있나요?
- 예전에도 예수님을 온전한 하나님이자 온전한 사람으로 생각했나요?
- 예수님이 두 가지 본성을 지니신 한 분이라는 사실을 이슬람교, 유대교, 힌두교, 불교를 믿는 사람에게 어떻게 설명할 수 있나요?

Notes

덕목 찾기
용서

아이들은 이 문답에서 구속자이신 예수님이 고유한 분이라는 사실을 배웠습니다. 예수님은 참 하나님이자 참 사람이시기 때문입니다. 이제 몇 분 동안 예수님이 우리를 용서하시기 위해서 완전한 하나님이자 인간이 되어야만 했던 이유를 설명해 주십시오.

아이들에게 조니(반에 있는 다른 친구 이름도 좋습니다)가 갑자기 오더니 자신의 뺨을 때렸다고 상상해 보라고 하십시오. 아직 충격에 빠져 있는데, 수지(반에 있는 또 다른 친구 이름도 좋습니다)가 조니에게 오더니 말합니다. "내가 너를 용서해 줄게." 그러면 기분이 어떨까요? 수지는 조니가 여러분에게 저지른 죄를 용서해 줄 수 있나요? 용서할 수 있는 능력은 오직 그 죄 때문에 피해를 입은 사람이 할 수 있다는 점에 아이들이 동의하도록 이야기를 나누십시오.

우리는 모두 하나님의 거룩한 율법을 깨뜨림으로써, 하나님께 죄를 저질렀습니다. 그리고 우리는 이 죄에 대해 서로가 서로를 용서할 수는 없습니다. 오직 하나님만이 용서하실 수 있습니다. 예수님은 참으로 하나님이기 때문에, 그분은 우리에게 용서를 베푸실 수 있으셨습니다. 우리가 그분께 죄를 저질렀지만, 그분이 우리를 용서하시고 우리를 자신의 것으로 삼기로 작정하신 것입니다!

아이들에게 하나님께 저지른 죄를 하나님이 용서하신다는 사실을 깨달으면 다른 사람이 자신에게 죄를 저지를 때, 자신이 어떻게 반응해야 하는지에 영향이 있는지 물어보십시오. 이번 시간을 통해 다른 사람을 용서하고 싶은 마음이 더욱 생겼는지도 물어보십시오.

암송 활동

암송 구절을 프린트하여 단어별로 자르십시오. 성경 구절을 암송하지 않을 거라면, 이 활동은 아이들이 교리문답을 암송하도록 도와주는 데 활용할 수 있습니다.

듀플로나 메가 블록과 같은 블록들이 필요합니다. 암송 구절을 프린트하고, 단어별로 자르십시오. 그리고 블록에 하나씩 붙이십시오. 만약 이번 주에 성경 말씀을 암송할 것이라면 스물일곱 개의 블록이 필요합니다. 교리문답을 할 것이라면, 열세 개의 블록이 필요합니다.

아이들에게 블럭을 주고 암송 탑을 만들도록 합니다. 아이들은 블록을 바른 순서로 결합하면서 탑을 세워야 합니다.

탑이 다 세워지면 암송 구절이나 교리문답을 아이들과 함께 몇 차례 계속 읽으십시오. 좀 더 난이도를 높이려면 블록을 몇 개 빼도 좋습니다.

문21 | 우리가 하나님께 다시 인도되려면 어떠한 구속자가 필요합니까?

⑤ 마치는 기도

아이들이 구속자가 온전한 하나님이며 온전한 사람이라는 사실을, 최대한 마음 깊이 이해하게 해달라고 기도하십시오. 거짓 종교를 예배하는 모든 이가 예수님이 하나님의 아들임을 인정하게 해달라고 기도하십시오.

Notes

인도자 가이드 2

성자 하나님
구속
은혜

문22

구속자는
왜 참 인간이셔야 합니까?

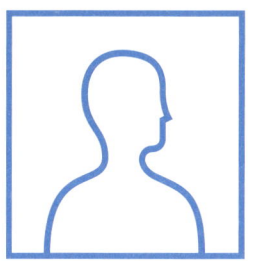

답

인성 안에서 우리를 대신해
모든 율법을 완전하게 순종하시고,
인간의 죄에 대한 형벌을 감당하셔야 했기 때문입니다.

핵심 개념
우리를 구속하기 위해 희생되는 대속물은 반드시 인간이어야만 했다.

목적
오직 온전한 사람인 구속자만이 하나님의 의로운 요구를 완전히 만족할 수 있었다는 사실을 아이들이 이해하도록 돕는다.

성경 본문
히브리서 2장 5-18절

암송 구절
"그러므로 그가 범사에 형제들과 같이 되심이 마땅하도다 이는 하나님의 일에 자비하고 신실한 대제사장이 되어 백성의 죄를 속량하려 하심이라"(히 2:17).

핵심 덕목
사랑

Notes

기억하십시오

아이들은 보통 예수님의 인성을 이해하는 데 어려움을 겪습니다. 아마도 예수님이 역사 속에 실존하셨던 인물이고, 한때 이 땅에서 살아가셨던 분이라는 사실은 수월하게 받아들일 것입니다. 하지만 그런 아이들도 여전히 예수님이 온전한 인간이자, 온전한 하나님이라는 개념은 받아들이기 힘들어할 것입니다. 이번 문답은 문23과 연결되며, 예수님이 두 본성을 모두 지니신 분이라는 사실을 탐구할 것입니다. 그리고 특별히 구속자가 왜 온전한 인간이 되셔야만 했는지에 집중할 것입니다. 아이들은 예수님이 이 땅에 오셔서 인간의 본성을 입으셨다는 사실을 확실하게 이해하게 될 것입니다.

수업을 계획하고 가르칠 때 기억할 것들

- 아이들은 여전히 예수님이 두 본성을 지니신 한 분이라는 사실을 이해하기 힘들어 할 것입니다.
- 예수님의 인성에 대해 말할 때도 경외감을 유지하도록 주의하십시오.
- 인도자는 자신이 정한 시간 계획에 맞추어 이 문답에 있는 활동을 섞거나 수정할 수 있습니다(학습 계획을 예시한 13쪽을 참조하십시오). 그 요소들을 모두 할 시간이 없을지도 모릅니다. 여러분이 가르치는 아이들의 강점과 약점에 따라 각 활동을 자유롭게 응용하십시오.

기도하십시오

하나님 아버지, 저를 죄와 사망에서 구하시려고 당신의 아들을 보내셔서 온전한 사람으로 살게 하심을 감사합니다. 위대한 사랑을 베푸신 하나님을 찬양합니다. 이번 문답을 공부할 때 아이들에게 이해할 수 있는 능력을 주십시오. 예수님이 보여 주신 위대한 사랑에 깊이 감동하고, 하나님의 구속 계획에 경탄하게 해 주십시오. 예수님의 이름으로 기도합니다. 아멘.

준비하십시오

- "문22 교리문답 정리"(다운로드)
- 테이프
- 젠가
- 큰 종이
- 사인펜
- "문22 바디 빙고판"(자료집), 아이 수만큼
- 막시밀리아노 콜베의 사진
- 접착 메모지

교리문답 정리

"문22 교리문답 정리"(다운로드)를 프린트하여 자르십시오. 테이프로 질문들을 젠가에 붙이고 탑을 쌓으십시오(모든 젠가에 질문을 붙여야 하는 것은 아닙니다).

아이들을 몇 팀으로 나누십시오. 각 팀에서 한 명씩 순서대로 나와 젠가 탑에서 블록을 하나씩 빼내도록 하십시오(빼낸 젠가는 다시 탑 위에 쌓지 않고 그대로 옆에 둡니다). 만약 빼낸 젠가 블록에 질문이 붙어 있다면, 그 아이는 질문에 대답해야 합니다. 또는 자기가 속한 팀에 질문을 넘길 수도 있습니다. 만약 팀원들도 질문에 답을 말하지 못하면 다른 팀이 답을 말할 수 있게 하십시오. 정답을 맞히면 계속 블록을 빼냅니다. 탑이 무너지면 빼낸 블록이 가장 많은 팀이 우승합니다.

문22 소개

아이들에게 자신이 어떻게 이 세상에 있게 되었는지를 물어보십시오. (답 : 이 세상에 태어났습니다.)

아이들에게 어떻게 작은 아기에서 지금의 모습으로 성장했는지를 물어보십시오. (답 : 부모님이나 보호자가 먹이고 양육하여 돌봤습니다.)

아이들에게 정말로 슬프면 어떻게 하는지 물어보십시오. (답 : 웁니다.)

아이들에게 한동안 음식을 전혀 먹지 못하면 어떤 느낌인지 물어보십시오. (답 : 배가 고픕니다.)

아이들에게 자신들의 삶이 어떻게 마무리될 것 같은지 물어보십시오. (답 : 죽게 될 것입니다.)

아이들에게 지금 물어본 내용은 인간이라는 존재가 모두 공통으로 경험하는 것이라고 설명하십시오. 아이들에게 예수님은 온전한 하나님인 만큼이나 온전한 인간이었음을 새겨 주십시오. 예수님은 이 땅에 태어나셨습니다. 예수님에게도 예수님을 돌보고 먹여 주신 부모님이 있었습니다. 또한 예수님은 슬플 때 우셨고, 한동안 음식을 먹지 못하실 때는 굶주림을 느끼기도 하셨습니다. 또한 예수님이 돌아가실 때, 그 육신의 생명도 끝나고 말았습니다.

문22를 읽어 주십시오. "구속자는 왜 참 인간이셔야 합니까?" 구속자 예수님은 인간을 하나님과 다시 관계 맺을 수 있도록 돌려놓기 위해서 온전한 인간이 되셔야만 했습니다. 이번 문답을 통해 그 이유를 이해할 수 있을 것입니다.

Notes

활동

"문22 바디 빙고판"(자료집)을 복사해서 학생에게 사인펜과 함께 나눠 줍니다.

아이들에게 각자 받은 표에 16개의 신체 부분을 기록하도록 합니다. 서로 다른 사람 것을 보지 않도록 합니다. 이 게임을 진행하기 위해서는 각 칸에 각기 다른 신체 부위를 기록해야 합니다. 아래에 있는 신체 부위 목록을 읽어 주십시오. 인도자가 아이들에게 신체 부위 한 곳을 부르면 그 신체 부위를 쓴 아이는 그 칸에 표시를 하게 합니다. 네 줄 빙고를 완성한 친구가 우승합니다. 스스로 완성됐다고 생각하면, "바디 빙고!" 라고 외치도록 합니다.

인체의 아름다움과 다양성을 언급하면서 이 활동을 마무리합니다. 아이들에게 이번 문답은 구속자의 인성에 관한 것임을 새겨 주십시오. 예수님은 육체를 입으셨고, 우리와 동일한 신체를 지니셨습니다.

발	혈관	손목	발꿈치	배꼽	입술
두뇌	손	귀	위	머리	눈썹
혀	폐	뼈	심장	어깨	엄지
머리통	머리카락	피부	코	눈	목
발목	이	손톱	무릎	팔꿈치	

수업 개요

수업을 시작하면서 하나님께 도움을 구하십시오. 자신이 이번 문답을 신실하게 가르치게 해 달라고, 아이들이 잘 듣게 해달라고 간구하십시오.

예수님에게는 과거에 살았던 사람들, 지금 살고 있는 사람들, 앞으로 살아갈 다른 모든 사람과 한 가지 큰 차이가 있습니다. 아이들에게 그 큰 차이를 알고 있는지 물어보십시오.

당연히 그 차이는 예수님이 죄 없는 삶을 사신 유일한 사람이라는 사실입니다. 예수님은 완벽한 인간이셨습니다. 왜 구속자가 반드시 참 사람이어야만 했는지를 곰곰이 생각해 볼 때, 아이들에게 반드시 이 사실을 이해해야만 한다고 설명하십시오.

히브리서 2장 5-18절을 읽으십시오. 아이들이 말씀을 함께 읽을 수 있도록 성경을 준비하십시오.

히브리서에 나오는 이 열네 구절은 예수님이 온전한 사람이 되어야만 했던 이유를 분명하게 묘사하고 있습니다.

예수님이 인성을 지니셨다는 것이 무슨 뜻인지 아이들의 이해를 돕기 위해, 다시 창세기

문22 | 구속자는 왜 참 인간이셔야 합니까?

Notes

로 돌아가서 첫 사람은 과연 어떠했는지를 알아보도록 합니다. 아이들에게 다음 질문을 해 보십시오.

- 이 땅의 모든 사람은 누구의 후손인가요?
- 누가 인간에게 죄를 넣었나요?

두 질문에 대한 답은 아담입니다. 아담은 원래 하나님의 법을 완벽하게 지킬 수 있는 능력을 지닌 채로 창조되었지만, 하나님께 반역을 저지르면서 죄와 사망이 이 세상에 들어오게 되었습니다.

아이들에게 구속자이신 예수님을 때로는 둘째 아담으로 부르기도 한다고 말해 주십시오. 아이들에게 아담과 예수님을 간단하게 비교해 주십시오.

1. 아담은 죄가 없이 창조되었다. 예수님은 죄가 없으시다.
2. 아담은 모든 사람에게 생명을 주었다. 예수님은 자신이 구속한 자들에게 영원한 생명을 주신다.
3. 아담은 창조물을 통치할 권세를 부여받았다. 예수님은 만물의 주인이시다.
4. 아담은 세상에 영적, 육체적 사망을 초래했다. 예수님은 죄를 회개하고 자신을 따르는 자들에게 영원한 생명을 주신다.

예수님, 즉 둘째 아담은 구속자가 되기 위해서 반드시 온전한 인간이 되어야만 했습니다.

아이들에게 히브리서 2장 5-18절 말씀을 다시 읽어 보고, 이 구절에서 예수님의 인성이 왜 그렇게 중요한지 그 이유를 한 가지라도 찾아보게 하십시오.

히브리서 기자는 5-9절에서 만물이 원래 어떤 모습이어야만 했는지를 묘사하면서 이야기를 시작합니다! 인간은 모든 것을 다스리도록 창조되었습니다. 하지만 죄 때문에 그렇게 되지 못했습니다. 이 땅은 하나님이 의도하신 대로 충만해지거나, 정복되지 않았습니다. 오히려 엉망진창이 되어 통제 불능 상태가 되었습니다.

예수님은 이 엉망진창인 세상에 사람으로 오셔야만 했습니다. 그분은 하늘의 영광을 버리고, 사람으로 엉망진창이 된 이곳을 직접 경험하기 위해 이 땅에 오셨습니다.

10절은 사람이신 예수님이 어떻게 인류의 궁극적인 승리자이자 구원자가 되셨는지를 설명하고 있습니다. 고대 세계에서는 각 군대를 대표하는 한 인물을 뽑아서 서로 싸우게 하는 것이 굉장히 흔한 일이었습니다. 다윗과 골리앗의 예도 이를 대변하며, 호머의 일리아드에 기록된 대로 그리스인 아킬레스와 로마인 헥토르가 싸웠던 것도 그렇습니다.

히브리서 2장에서 예수님을 묘사하는 방식은 사람을 대표하는 한 인물이, 사망을 초래한 죄 및 마귀와 싸워 이기는 모습을 설명하고 있습니다. 예수님은, 죄의 덫에 빠져 노예가 되어 사망이라는 멸망에 직면한 사람들을 구속하기 위해 싸우신 것입니다.

Notes

예수님은 육체와 피를 지니신 온전한 인간이 되었는데, 이는 그분이 형제자매로 여기시는 구속된 사람들과 동일한 존재가 된 것입니다. 아이들에게 이 구절에서 이렇게 말씀하시는 부분을 찾아보라고 하십시오.

예수님은 인성을 지니셨기 때문에 모든 면에서 인간의 삶이 어떤 것인지를 온전히 이해하실 수 있었습니다. 히브리서는 특별히 예수님이 유혹에 맞서는 측면을 다룹니다. 예수님은 모든 면에서 유혹을 받으셨지만, 죄가 없으신 분이었습니다. 예수님은 사람들이 유혹을 받아 하나님께 순종하지 못하고 하나님이 아닌 다른 대상을 사랑하는 것도 이해하실 수 있었습니다.

이처럼 예수님이 인간으로 이 땅에서 사셨고, 여전히 영화롭게 된 존재로 우리 곁에 살아 계시기 때문에 인간의 삶에 대해서 모든 것을 이해하십니다. 아이들에게 이 점을 알면 이 세상을 살아가는 데 얼마나 큰 힘이 되는지를 설명해 주십시오.

죄의 삯은 사망이기 때문에, 구약에서는 하나님이 죄를 일시적으로 대속하기 위해 사람들에게 제사라는 본을 세우셨습니다. 용서를 받기 위해서는 동물을 제물로 바쳐 피를 흘려야만 했습니다. 하지만, 동물 제사로는 충분하지 않았습니다. 성경은 죄의 영원한 대가를 치르기 위해서는 인간의 피가 필요하다고 말합니다. 무엇을 대신 하려면, 그 필요조건을 충분히 만족시켜야 합니다. 따라서 오직 인간이 다른 인간을 대신하여 죽음으로써만, 그 대가를 참으로 만족할 수 있습니다. 만약 구속자가 온전히 사람이 아니라면, 그는 하나님의 요구사항을 만족할 수 없을 것입니다.

예수님은 하나님과 인간 사이의 최고의 중재자이십니다. 그분은 자신을 믿고 회개하는 모든 자를 대변하실 수 있기 때문입니다. 그분의 희생으로 인간은 죄를 용서받는 길을 찾고 하나님과 관계를 맺을 수 있습니다. 아이들에게 예수님이 완벽한 인간의 모습이셨기 때문에, 자신의 몸으로 그 분노와 형벌을 온전히 받으셨고, 그로 인해 죄로 물든 사람에게 향하시는 하나님의 분노를 멈출 수 있었다고 설명하십시오.

아이들이 문22와 답을 기억하도록 도우면서 수업을 마치십시오.

이 내용은 단순히 수업 지도를 위한 것입니다. 가르치는 아이들과 상황에 따라 이 내용을 확장하거나 수정하십시오. 여러분의 말로 여러분의 이야기를 쓰십시오. 그리고 아이들에게 적절하게 응용할 만한 예화나 적용을 추가하십시오.

문22 | 구속자는 왜 참 인간이셔야 합니까?

활동

큰 종이와 사인펜을 준비하십시오. 아래에 있는 단어들은 예수님이 이 땅에서 사셨던 삶과 관련 있는 단어들입니다. 이것을 종이에 쓰십시오.

아이들을 몇 팀으로 나누고 팀마다 종이와 사인펜을 주십시오.

각 팀에서 한 사람을 정해 앞으로 나가 단어를 찾게 합니다. 그 아이는 자기 팀으로 돌아가 그림을 그려서 팀원들이 그 단어를 추측할 수 있게 합니다. 단어를 말하거나 소리를 내서는 안 됩니다! 답을 맞혔으면, 다른 아이가 나가서 다른 단어를 읽고 돌아와 그림을 그립니다. 단어를 다 맞힌 팀이 우승합니다.

| 잠자다 | 피곤하다 | 먹다 | 아기 | 죽음 | 마시다 |
| 울다 | 걷다 | 슬프다 | 엄마 | 남자 | 사랑하다 |

토론과 질문

아이들은 다음과 같은 질문을 할 수도 있습니다.

? 예수님이 온전한 사람이었다면, 예수님도 죄인이었다는 뜻 아닌가요?

하나님은 아담과 하와를 죄 없이 창조하셨습니다. 그것이 원래 참된 인간의 모습이었습니다. 하지만 그들은 죄를 짓기로 선택했고, 그 이후로 태어난 모든 인간은 죄인이 되었습니다. 예수님은 육체의 아버지가 없었습니다. 예수님에게는 하늘 아버지만 있었습니다. 이는 아담의 죄악 된 본성을 유전 받지 않았다는 뜻입니다.

? 예수님이 이 땅에 사셨을 때는 하나님보다 조금 못한 존재이지 않았나요?

예수님은 하나님보다 조금 못한 존재가 아닙니다. 다만 예수님은 이 땅에 오실 때 하늘 영광을 제쳐 두고, 자신을 성부 하나님의 뜻에 온전히 순복하기로 선택하신 것입니다.

다음 질문을 통해 아이들이 자신의 삶을, 그리고 이 교리문답이 각자에게 어떻게 영향을 줄지를 생각하도록 도와주십시오.

- 예수님이 인간이 된다는 것이 무엇인지를 온전히 이해하였다는 사실은 어떤 의미가 있을까요?
- 예수님이 우리를 구하기 위하여 자신의 뜻

Notes

대로 하늘을 떠나셨다는 사실을 접하고, 예수님의 겸손과 사랑에 놀라지 않았나요?

• 왜 예수님이 온전한 사람이 되어야만 했나요? (간단히 정리해서 말해 보도록 하십시오.)

덕목 찾기

사랑

막시밀리아노 콜베의 사진을 준비하십시오.

아이들에게 막시밀리아노 콜베의 이야기를 들려주십시오.

수도사인 막시밀리아노는 1941년 폴란드에서 체포되어 결국 나치의 강제 수용소인 아우슈비츠로 보내집니다. 그리고 그가 강제 수용소에 갇혀 있을 때, 한 죄수가 도주를 하게 됩니다. 그러자 간수들은 이에 대한 보복으로 열 명을 정해 굶겨 죽이려고 합니다. 그렇게 뽑힌 사람 중에 프란치셰크 가요브니체크라는 사람이 있었습니다. 그는 자신이 죽으면 더 이상 가족을 만날 수 없게 되었다는 생각에 굉장히 괴로워했습니다. 막시밀리아노 콜베는 자신이 프란치셰크를 대신하겠다고 제안합니다. 막시밀리아노는 몇 주 동안 음식을 섭취하지 못했고, 결국 프란치셰크 대신 죽고 맙니다. 그는 친구의 목숨을 구하기 위해 기꺼이 그의 자리를 대신하여 죽임을 당한 것입니다. 막시밀리아노 콜베는 하늘 영광을 비리고 이 땅에 오셔서 사람들을 죄에서 구원하신 예수님 안에 있는 그 위대한 겸손과 사랑에 감동을 받은 것이었습니다. 막시밀리아노는 자신의 친구를 위해 죽음으로써 이와 동일한 겸손과 사랑을 보인 것입니다.

아이들에게 이 이야기를 듣고 어떤 감정이 드는지 물어보십시오. 프란치셰크는 또한 어떤 감정이었을까요?(그는 결국 가족과 함께 살아남았다는 사실을 말해 주십시오) 아이들에게 과연 무엇이 막시밀리아노의 마음을 움직여 프란치셰크의 목숨을 구하게 한 것인지 물어보십시오.

또 다음과 같이 물어보십시오. "어떻게 사랑이 겸손으로 나타나요?" "예수님의 겸손과 사랑이 여러분이 삶을 살아가는 방식과 다른 사람을 사랑하는 방식에 어떠한 영향을 끼칠 것 같나요?"

문22 | 구속자는 왜 참 인간이셔야 합니까?

Notes

🕙 암송 활동

암송 구절 또는 교리문답을 접착 메모지 한 장에 한 단어씩 적게 하십시오. 그 종이들을 무작위로 벽에 붙이십시오. 아이들이 벽에 있는 단어들을 순서에 맞게 조합하도록 하십시오. 암송 구절과 교리문답을 몇 차례 읽게 한 후에 종이를 제거하면서 암송하게 하십시오.

🕔 마치는 기도

아이들에게 구원의 계획을 베푸신 하나님을 찬양하고, 구속자로 기꺼이 이 땅에 오신 예수님을 찬양하도록 하십시오.

　예수님이 구속자가 되시기 위해 기꺼운 마음으로 피곤함, 굶주림, 추위 등, 인간이 견뎌야 하는 모든 것도 기꺼이 감내하셨다는 사실을 아이들이 감사하게 하십시오.

인도자 가이드 2

성자 하나님
구속
은혜

문23

구속자는
왜 참 하나님이셔야 합니까?

답

**그분의 신성 때문에
그분의 순종과 고통이 완전하고 유효하기 때문입니다.**

핵심 개념
오직 하나님만이 인류를 구속하실 수 있다.

목적
아이들이 오직 참 하나님이신 구속자만이 구원하실 수 있음을 이해하도록 돕는다.

성경 본문
사도행전 2장 22-41절

암송 구절
"하나님께서 그를 사망의 고통에서 풀어 살리셨으니 이는 그가 사망에 매여 있을 수 없었음이라"(행 2:24).

핵심 덕목
겸손

Notes

기억하십시오

아이들은 예수님이 참 하나님이라는 것보다는 예수님이 참 사람이라는 것을 더 쉽게 이해할 것입니다. 이 문답은 예수님이 두 본성을 지니신 한 분이라는 사실에 다시 집중할 것입니다. 이번 문답의 목적은 아이들이 예수님이 온전한 하나님이라는 것, 그리고 왜 구속자가 온전한 하나님이셔야만 하는지를 더욱 깊이 이해하도록 돕는 것입니다. 아이들이 살아가고 있는 이 세상을 둘러싼 다원주의적인 분위기를 생각해 보십시오. 인도자는 기독교를 다른 종교와 구별되게 하는 지점은 예수님을 인정하느냐 그렇지 않느냐라는 것임을 다시 지적해야 하며 이 작업은 굉장히 실질적인 것입니다. 오직 그리스도인들만 예수님이 참 하나님이라는 사실을 믿기 때문입니다. 이 문답을 통해 아이들은 예수님의 신성과, 성육신이 자신에게 어떤 의미가 있는지를 분명히 확신할 수 있어야 합니다.

수업을 계획하고 가르칠 때 기억할 것들

- 몇몇 친구들은 이 개념을 이해하기 어려워 할 것입니다. 이번 문답을 통해 이 개념을 더욱 확실히 이해할 수 있을 것이라고 확신을 주십시오.
- 다른 종교를 지나치게 비판하지 않도록 주의하십시오. 다만 다른 점은 분명하게 가르쳐 주십시오.
- 인도자는 자신이 정한 시간 계획에 맞추어 이 문답에 있는 활동을 섞거나 수정할 수 있습니다(학습 계획을 예시한 13쪽을 참조하십시오). 그 요소들을 모두 할 시간이 없을지도 모릅니다. 여러분이 가르치는 아이들의 강점과 약점에 따라 각 활동을 자유롭게 응용하십시오.

기도하십시오

전능하신 하나님, 큰 자비를 베푸셔서 은혜로 말미암아 저를 당신과 구원받는 관계로 이끌어 주심을 감사합니다. 주 예수님 감사합니다. 스스로를 낮추셔서 하늘의 영광을 버리고 이 땅에 임하셨습니다. 예수님의 대속 죽음을 통해 생명을 알게 하시니 감사합니다. 이번 문답을 듣는 아이들에게 이해하는 마음을 주십시오. 예수님이 두 본성을 지니신 한 분이라는 사실을 완전히 이해하고, 우리를 구속하기 위하여 신성의 모든 충만을 입고 이 땅에 오셨다는 사실을 경외하게 해주십시오. 예수님의 이름으로 기도합니다. 아멘.

문23 | 구속자는 왜 참 하나님이셔야 합니까?

Notes

준비하십시오

- 색지에 복사한 "문23 교리문답 정리 휠"(자료집)
- 4각못
- 그릇
- 가위
- 종이
- 성탄절 포장지
- 〈천사 찬송하기를〉 음원

교리문답 정리

색지에 "문23 교리문답 정리 휠"(자료집)을 복사하고, 휠에 4각못으로 화살을 연결하여 회전할 수 있게 하십시오. 1부터 22까지 숫자를 종이에 적고 그릇에 두십시오.

학생들에게 순서대로 그릇에서 숫자를 뽑도록 하십시오(숫자는 교리문답의 질문 번호를 의미합니다). 숫자를 골랐으면 화살을 돌려 과제가 무엇인지 확인하게 하십시오. 대답을 못하는 경우에는 반 친구들이 도와주도록 하십시오. 시간이 허락하는 대로 아이들을 많이 참여시키십시오.

문23 소개

아이들에게 왕자와 거지 이야기를 간단하게 해주십시오. 한 왕자가 우연히 자신과 닮은 한 가난한 소년과 삶을 바꾸는 내용입니다. 왕위가 무엇인지 알려 주기 위해, 영화 〈알라딘〉을 봤는지 학생들에게 물어보십시오. 그리고 자스민이 아버지의 궁궐을 도망가는 장면을 기억하는지 물어보십시오.

자신이 세상에서 가장 아름다운 곳에서, 완벽한 관계를 누리며, 필요한 모든 것이 갖춰진 채로 살고 있다면, 그 집을 떠날 것인지 아이들에게 물어보십시오. 아마도 떠나겠다고 할 아이는 없을 것입니다!

아이들에게 자기 백성들과 함께 살기 위해서 그렇게 아름답고 완벽한 장소를 버린 어떤 사람의 이야기를 들어봤는지 물어보십시오. 하나님은 사람이 되시기 위해, 하늘 영광을 버리시고 자신의 피조물들과 함께 살아가셨습니다. 아이들에게 문23을 읽어 주십시오. "구속자는 왜 참 하나님이셔야 합니까?" 아이들은 이 질문을 통해 구속하기 위해 오신 그분이 참 하나님이셔야만 했던 이유를 더 자세하게 생각해 볼 수 있을 것입니다.

Notes

⑩ 활동

예수님의 신성을 다루는 다음 네 구절을 종이에 프린트하거나 직접 적으십시오. 그리고 각 구절을 성탄절 선물처럼 포장하십시오.

- 요한복음 1장 1절 : "태초에 말씀이 계시니라 이 말씀이 하나님과 함께 계셨으니 이 말씀은 곧 하나님이시니라."
- 요한복음 1장 14절 : "말씀이 육신이 되어 우리 가운데 거하시매 우리가 그의 영광을 보니 아버지의 독생자의 영광이요 은혜와 진리가 충만하더라."
- 요한복음 20장 28절 : "도마가 대답하여 이르되 나의 주님이시요 나의 하나님이시니이다."
- 골로새서 2장 9절 : "그 안에는 신성의 모든 충만이 육체로 거하시고."

아이들에게 교회에서 성탄절에 무엇을 기념하는지 물어보십시오. 바로 아기 예수님의 탄생입니다! 아이들에게 문22에서는 예수님의 인성에 대해서 다루었다고 상기시키십시오. 그리고 이번 문답을 통해 하나님의 신성에 대해서 더 많이 알게 될 것이라고 말해 주십시오. 즉 예수님이 온전한 하나님이라는 사실입니다. 예수님은 태어나셨을 때부터 이미 온전한 인간이자 온전한 하나님으로서 두 가지 본성을 한 몸에 지니고 계셨습니다.

아이들에게 1부터 21 사이에서 숫자 하나를 고르게 합니다. 그리고 숫자 5에 가장 근접한 숫자를 뽑은 학생 네 명을 뽑습니다. 학생들에게 각각 포장을 풀고 그 안에 있는 구절을 읽게 하십시오. 학생들에게 그 구절이 예수님에 대해서 무엇이라고 가르치고 있는지 물어보십시오(보충 설명을 해야 할 수도 있습니다). 이 구절들은 예수님이 하나님이셨으며, 이 땅에 사람으로 오시기 전부터 이미 영원히 계셨던 분임을 분명하게 가리킵니다.

⑮ 수업 개요

수업을 시작하면서 하나님께 도움을 구하십시오. 자신이 이번 문답을 신실하게 가르치게 해달라고, 아이들이 잘 듣게 해달라고 간구하십시오.

아이들에게 예수님이 두 본성을 지니신 한 분이었다는 사실을 다시 알려 주십시오. 예수님은 온전한 하나님이면서 온전한 인간이셨습니다. 이 사실은 이해하기 어려운 개념임을 인정해야 합니다. 이는 다른 어디에도 찾아볼 수 없는 유일무이한 개념이기 때문입니다. 바로 여기서 기독교가 다른 종교와 큰 차이를 보인다는 것을 아이들에게 상기시키십시오. 예를 들어, 여호와의 증인은 예수님이 하나님임을 믿지 않는다고 아이들에게 말해 주십시오.

사도행전 2장 22-41절을 읽으십시오. 아이들이 말씀을 함께 읽을 수 있도록 성경을 준비하십시오.

이 구절은 예수님의 제자인 베드로가 오순절에 전한 내용입니다. 오순절은 하나님이 자신의 교회에 성령님을 보내신 날입니다. 이 설교는 예수님이 죽으시고 부활하신 후, 베드로가 예루살렘에 있던 많은 사람에게 선포한 것입니다. 베드로는 청중에게 예수님이 하나님이심을 분명하게 선포했습니다. 베드로는 본질적으로 예수님이 누구이신지, 그리고 왜 오셨는지를 일깨워 주는 설교를 했습니다.

- 예수님은 성부 하나님이 여러 면에서 크게 사용하신 분이었습니다. 성부 하나님은 예수님이 행하신 모든 기적과 표적을 통해, 예수님이 성자 하나님임을 확증하셨습니다.
- 예수님은 십자가에서 죽을 운명으로 태어나신 분이었습니다. 성부 하나님이 성자 하나님을 구속자가 되도록 정하셨기 때문입니다.
- 예수님은 죽으셨지만 다시 부활하셨습니다. 사망은 성자 하나님을 얽어맬 수 없기 때문입니다.
- 예수님은 다시 하늘로 가서서 지금 성부 하나님의 우편에 계십니다.

베드로는 예수님이 온전한 하나님이라는 사실에 아무런 의심도 품지 않았으며 청중에게 예수님께 구원을 구하라고 강력하게 권했습니다.

아이들에게 예수님이 인간을 구원하기 위해서는 온전한 하나님이셔야만 했다는 점을 설명해 주십시오.

Notes

- 오직 생명을 주신 창조주 하나님만이 다시 창조하시고 새 생명을 주실 수 있습니다.
- 오직 하나님만이, 자신을 신뢰하는 자들이 죄 때문에 당하게 될 그 형벌을 대신 감당하실 수 있습니다. 예수님의 인성은 예수님이 인간을 대속하시는 것이 정당함을 의미합니다. 또한 예수님의 신성은 그분이 무한한 가치를 지니는 대속물이 되셨음을 의미합니다.
- 예수님이 하나님이 아니라면, 예수님은 그들의 죄가 용서되었다고 선포하실 권위가 없습니다.

아이들에게 다음 이야기를 듣고 어떤 느낌이 드는지 생각해 보라고 하십시오.

한 아이가 친구의 장난감을 하나 훔쳤는데, 그만 그 친구가 알아차리고 말았습니다. 친구에게 사과하고 용서를 구했는데, 친구의 형이 오더니 "그래, 내 동생이 용서했대"라고 말합니다.

용서란 피해를 입은 사람이 할 수 있는 것입니다. 예수님은 제3자가 아닙니다. 사람들이 죄를 범한 대상은 하나님입니다, 따라서 하나님만이 구속하실 수 있는 능력이 있습니다.

아이들이 문23과 답을 기억하도록 도우면서 수업을 마치십시오.

이 내용은 단순히 수업 지도를 위한 것입니다. 가르치는 아이들과 상황에 따라 이 내용을

Notes

확장하거나 수정하십시오. 여러분의 말로 여러분의 이야기를 쓰십시오. 그리고 아이들에게 적절하게 응용할 만한 예화나 적용을 추가하십시오.

활동

이 활동을 위해서는 성탄절 찬양 〈천사 찬송하기를〉 음원이 필요합니다.

아이들에게 지금부터 몇 분 동안 지금이 성탄절인 것처럼 생각하라고 말해 주십시오. 아이들에게 자리에 앉으라고 합니다. 성탄절 찬양을 들려줄 때, 가사에서 예수님을 하나님으로 언급하는 부분이 들릴 때마다 자리에서 일어나라고 하십시오. 그리고 일어난 후에는 바로 다시 앉아서 다음 가사를 듣고 일어날 준비를 해야 합니다.

색을 칠한 부분이 예수님을 하나님으로 분명하게 언급하는 부분입니다. 이 외에 다른 부분을 그렇게 받아들일 수도 있습니다.

천사 찬송 하기를 거룩하신 구주께
영광 돌려 보내세 구주 오늘 나셨네
크고 작은 나라들 기뻐 화답하여라
영광 받은 왕의 왕 베들레헴 나신 주
영광 받은 왕의 왕 베들레헴 나신 주

오늘 나신 예수는 하늘에서 내려와
처녀 몸에 나셔서 사람 몸을 입었네
세상 모든 사람들 영원하신 주님께
영광 돌려 보내며 높이 찬양하여라
영광 돌려 보내며 높이 찬양하여라

의로우신 예수는 평화의 왕이시고
세상 빛이 되시며 우리 생명 되시네
죄인들을 불러서 거듭나게 하시고
영생하게 하시니 왕께 찬양하여라
영생하게 하시니 왕께 찬양하여라

토론과 질문

아이들은 다음과 같은 질문을 할 수도 있습니다.

? 예수님이 하나님이라면 왜 자기 자신을 구하지 않으셨나요?

성자 하나님인 예수님이 성부 하나님께 완벽하게 순종하셨습니다. 그분은 온전히 하나님이셨지만, 아버지의 뜻을 따르기로 결정하신 것입니다.

? 왜 하나님은 인간을 다른 방식으로 구속하지 않으셨나요?

문23 | 구속자는 왜 참 하나님이셔야 합니까?

Notes

이 방법이 인간을 죄에서 자유롭게 하고 하나님과 관계를 맺게 하는 유일한 길이었습니다.

다음 질문을 통해 아이들이 자신의 삶을, 그리고 이 교리문답이 각자에게 어떻게 영향을 줄지를 생각하도록 도와주십시오.

- 예수님이 온전히 하나님이라는 사실을 아는 것은 하나님을 예배하려는 우리의 열망에 어떠한 영향을 끼치나요?
- 예수님에 대해 전혀 들어보지 못한 사람에게 예수님이 두 본성을 지니신 한 분이라는 사실을 설명할 수 있을까요?

덕목 찾기
겸손

아이들에게 겸손의 반대가 무엇인지 물어보십시오. 겸손의 반대는 교만입니다.

아이들에게 뽐냈던 적이 있는지 물어보십시오. 무언가를 잘했을 때, 자신이 잘난 것을 자랑했거나 자랑하고 싶은 유혹을 받은 적이 있는지 물어보십시오.

아이들에게 자신감과 교만이 다르다고 생각

하는지 물어보십시오.

예수님께서는 교만하게 행동하실 모든 이유가 있었습니다. 그분은 하나님 자체이셨기 때문입니다! 하지만 오히려 예수님은 스스로 겸손해지시고, 우리를 구하기 위해 자그마한 인간 아기가 되셨습니다. 아이들에게 교만함이 아닌 겸손함은 어떤 모습일지 물어보십시오.

암송 활동

종이에 다음처럼 지시 사항을 쓰십시오.

개구리처럼 개골개골 울다.
쥐처럼 찍찍 소리를 내다.
사투리로 말한다.
바람처럼 속삭이다.

아이들을 네 팀으로 나누어 각 팀에게 지시 사항이 쓰인 종이 한 장씩을 나눠 주십시오. 아이들에게 지시 사항에 쓰여 있는 대로 성경 암송 구절이나 교리문답을 소리 내어 말하도록 하십시오. 아이들이 한 가지 방식으로 암송 구절을 다 말했다면, 지시 사항을 바꿔 다른 방식으로 말하도록 하십시오.

Notes

⑤ 마치는 기도

기꺼이 하늘을 떠나 겸손하게 이 땅에 오시고, 자신을 절실하게 필요로 하는 인간들을 구속하신 예수님을 찬양하고 감사하게 하십시오.

문24

구속자이신 그리스도께서 왜 죽으셔야 했습니까?

답

그리스도께서는 기꺼이 우리 대신 죽으시고
우리를 죄의 힘과 형벌에서 구하셔서
하나님께로 이끄셨습니다.

핵심 개념
예수 그리스도의 대속 죽음 외에는 사람이 하나님과 화목할 방법이 전혀 없다.

목적
하나님과 화목할 유일한 방법은 우리를 대신해서 죽으신 예수 그리스도뿐임을 아이들이 이해하도록 돕는다.

성경 본문
골로새서 1장 15-23절

암송 구절
"전에 악한 행실로 멀리 떠나 마음으로 원수가 되었던 너희를 이제는 그의 육체의 죽음으로 말미암아 화목하게 하사 너희를 거룩하고 흠 없고 책망할 것이 없는 자로 그 앞에 세우고자 하셨으니"(골 1:21-22).

핵심 덕목
사랑

기억하십시오

아이들은 일반적으로 벌을 받는다는 생각 자체를 좋아하지 않습니다. 게다가 자신이 저지르지도 않은 일 때문에 벌을 받는다면, 굉장히 불쾌하게 느낄 것입니다. 아이들은 공정함에 굉장히 민감합니다. 그러면서 예수님이 왜 자신이 저지르지도 않은 죄 때문에 고난을 당하고 죽음을 당하셔야 했는지 의문을 던질 것입니다. 이번 문답을 통해 아이들은 왜 죄 없으신 예수님이 우리의 죄를 위해 벌을 받으셔야만 했는지, 그리고 왜 그렇게 하시는 것이 하나님의 백성을 구속하는 유일한 길이었는지를 이해할 것입니다. 아이들에게 하나님이 예수님 안에서 자신의 모든 충만함을 머무르게 하시기를 기뻐하시고, 예수님도 자신의 삶과 죽음의 목적을 아셨다는 점을 강조하십시오. 그러면 아이들은 대속 죽음을 더 잘 이해할 것입니다.

수업을 계획하고 가르칠 때 기억할 것들

- 하나님의 계획과 목적에 질문을 던질 때는 매우 주의해야 한다는 점을 아이들에게 신중히 전하십시오! 성경은 하나님의 방법이 우리의 방법보다 높다고 말하며, 우리가 자신의 이해에 의지하여 잘못된 결론에 도달하지 않아야 한다고 경고합니다.
- 아이들이 죄와 반역에 따르는 대가와 그 결과를 이해하는 것이 중요합니다.
- 아이들은 때로 사람들이 하나님께 갈 수 있는 길이 많다고 주장하는 소리를 들을 것입니다. 이는 성경이 가르치는 바가 아니라는 점을 설명하십시오. 모든 사람은 예수님이 누구신지, 그리고 왜 이 땅에 오셨는지를 이해해야만 합니다.
- 인도자는 자신이 정한 시간 계획에 맞추어 이 문답에 있는 활동을 섞거나 수정할 수 있습니다(학습 계획을 예시한 13쪽을 참조하십시오). 그 요소들을 모두 할 시간이 없을지도 모릅니다. 여러분이 가르치는 아이들의 강점과 약점에 따라 각 활동을 자유롭게 응용하십시오.

기도하십시오

구속하시는 하나님, 당신은 남녀노소 모두를 당신과 관계 맺도록 하시려고 그 큰 자비를 베푸셔서 고난을 당하셨습니다. 우리가 그 대속의 의미와 대가를 깨닫도록 도와주십시오. 이번 문답을 배울 아이들에게 이해하는 마음을 허락해 주십시오. 그리하여 그리스도의 죽음이 반드시 필요했다는 사실을 이해하며 하나님에 대한 사랑으로 충만하게 해주십시오.. 예수님의 이름으로 기도합니다. 아멘.

문24 | 구속자이신 그리스도께서 왜 죽으셔야 했습니까?

Notes

준비하십시오
- "문24 교리문답 정리"(다운로드)
- 테이프
- "문24 미로"(자료집), 아이 수만큼
- 사인펜
- 〈치티 치티 뱅뱅〉 영상
- 가위
- 풀
- 오래된 잡지
- 종이
- "문24 연애편지 예시"(자료집), 아이 수만큼
- 빨대
- 암송 구절 또는 교리문답을 프린트한 종이

교리문답 정리

"문24 교리문답 정리"(다운로드)를 프린트하십시오. 각 질문을 세 부분으로 자르십시오. 테이프로 교실 곳곳에 질문들을 순서와 상관없이 붙이십시오. 예를 들어 숫자와 답은 맞는데, 질문은 다르게 해서 붙이십시오. 두 세트를 준비해서 시합을 하게 할 수도 있습니다.

질문들을 뒤섞어 벽에 붙이십시오. 아이들에게 벽에 질문들이 붙어 있는데, 숫자와 질문과 답이 바르게 조합되어 있지 않다고 말해 주십시오! 아이들에게 교실을 돌아다니며 질문과 답을 기억해서 맞히도록 합니다. 아이들에게 문답 번호와 질문과 답변이 일치하도록 종이를 마음대로 움직일 수 있다고 말해 주십시오. 원본을 보관하여 아이들이 맞게 잘 했는지 쉽게 확인하도록 하십시오. 아이들과 함께 문답을 읽고 바르게 맞추었는지 확인해 보십시오.

문24 소개

영화 〈치티 치티 뱅뱅〉 영상을 준비하십시오. DVD를 틀어 주거나, 온라인으로 보여 줄 수 있습니다.

〈치티 치티 뱅뱅〉에서 악당이 모든 아이를 지하 감옥에 잡아 가두는 장면을 보여 줍니다(이 장면은 2:13:08에 시작합니다).

아이들에게 영화에 등장하는 아이들은 그 지하 감옥을 빠져나가야 했지만, 스스로의 힘으로 그렇게 할 수는 없었다고 설명해 주십시오. 감금된 상태를 벗어나 자유를 누리기 위해서는, 누군가 구원해 줄 사람이 있어야만 한다고 말해 주십시오. 출구가 필요한 것입니다. 문24를 읽어 주십시오. "구속자이신 그리스도께서 왜 죽으셔야 했습니까?" 영화에 나오는 아이들은 자신들을 풀어 줄 누군가의 도움을

Notes

통해서만 자유롭게 될 수 있습니다. 죄와 사망에 사로잡힌 자들도 이와 같습니다. 죄와 사망의 노예가 된 자들에게 자유는, 그들을 풀어 주는 엄청난 대가를 치르는 자들이 누리는 것입니다. 그 대가를 치를 수 있는 유일한 분이 계셨다는 사실을 알려 주십시오. 이번 교리문답은 예수 그리스도가 죽으셔야만 했던 이유와, 죄를 없앨 다른 방법이 없다는 사실을 아이들이 이해하도록 도울 것입니다.

활동

"문24 미로"(자료집)를 아이 수만큼 복사하십시오.

아이들에게 사인펜과 미로를 하나씩 나눠 주십시오. 미로에는 출구가 단 하나입니다. 아이들에게 정해진 시간 동안 미로를 풀어 보도록 하십시오.

시간이 되면, 이 미로에는 출구가 단 하나뿐이라고 말해 줍니다. 이것은 구속을 받고 하나님과의 관계를 회복할 수 있는 길은 오직 하나인데, 그것이 바로 예수 그리스도를 통해서라는 사실을 의미합니다. 때때로 예수님이 왜 죽으셔야만 했는지 묻는 사람들이 있는데, 이번 문답은 왜 예수님의 삶과 죽음이 우리가 하나님 앞에 바로 서는 유일한 길이 되는지를 더욱 온전하게 이해하도록 도울 것입니다.

요한복음 14장 6절을 읽어 주십시오. "예수께서 이르시되 내가 곧 길이요 진리요 생명이니 나로 말미암지 않고는 아버지께로 올 자가 없느니라."

수업 개요

수업을 시작하면서 하나님께 도움을 구하십시오. 자신이 이번 문답을 신실하게 가르치게 해달라고, 아이들이 잘 듣게 해달라고 간구하십시오.

아이들에게 하나님이 누군가를 구속하셔야만 한다고 생각하는지 물어보면서 시작하십시오. 하나님은 그 누구라도 죄와 사망에서 구원해야 하는 의무가 있는 것은 아닙니다. 다만 하나님은 사랑 때문에 구원을 베풀기로 작정하신 것입니다. 아이들에게 하나님은 사람을 필요로 하는 분이 아니시며, 다만 사람이 하나님을 필요로 한다는 사실을 새겨 주십시오! 하나님이 사랑이 많으시고, 인자하시고, 은혜로우시기 때문에 사람들을 구속하기로 결정하신 것입니다.

아이들에게 이 지식, 즉 하나님께 우리를 구하셔야만 하는 의무가 있는 것은 아니라는 사실이 하나님을 바라보는 관점에 어떠한 영향

문24 | 구속자이신 그리스도께서 왜 죽으셔야 했습니까?

Notes

을 끼칠 것인지 물어보십시오.

하나님이 사람들을 구속하기 위한 길을 작정하셨을 때, 하나님이 하실 수 있는 유일한 방법은 예수님을 보내셔서 십자가에서 죽도록 하는 것뿐이었습니다.

골로새서 1장 15-23절을 읽으십시오. 아이들이 말씀을 함께 읽을 수 있도록 성경을 준비하십시오.

바울은 골로새에 있는 그리스도인들에게 편지를 쓰고 있으며, 그들이 예수 그리스도의 우월성을 알기 원했습니다.

19절에서 바울은 골로새인들에게 예수님이 완전한 하나님이셨다는 사실을 상기시킵니다. 또한 바울은 예수님을 통해서 만물이 하나님과 화목하게 되었다고 선포합니다. 바울은 이 구절에서 하나님이 이런 식으로 일하기를 기뻐하셨다고 말하고 있습니다. 하나님은 예수님이 하늘과 땅을 연결하시는 중재자이자 구속자가 되기를 기뻐하셨습니다. 예수님이 주시는 구속은 유일한 출구였습니다. 인간에게 하나님과 다시 친구가 될 다른 길은 없었습니다.

바울은 20절에서 예수님이 십자가에서 피를 흘리심으로 사람과 하나님 사이에 평화를 이루셨다고 선포합니다. 바울은 예수님이 십자가에서 죽으셔야만 했다는 점을 확실히 말하고 있습니다. 하나님은 이렇게 자신과 인류의 관계를 회복하기로 결정하신 것입니다.

바울이 골로새인들에게, 그들이 한때는 하나님의 원수로서 하나님의 율법을 어기고 하나님을 분노케 하는 일들을 저질렀다고 설명합니다. 그리고 그 모든 일은 하나님의 심판과 처벌을 받아 마땅한 것입니다. 하지만 바울은 그리스도인, 즉 예수 그리스도가 구속하여 주심을 신뢰하는 자들은 하나님의 심판을 두려워할 필요가 없다고 말합니다. 예수님이 십자가에 달려 돌아가셨을 때, 죄와 사망에서 사람들을 자유케 하셨기 때문입니다. 어떻게 그렇게 되었습니까? 예수님이 죄악 된 사람의 자리를 대신하셔서, 우리가 당해야 할 심판을 대신 당하셨기 때문입니다. 예수님이 십자가에 죽으심으로 그들이 당할 형벌을 대신 당하신 것입니다. 예수님이 죄인들을 구속할 대가를 지불하셨기 때문에, 죄인들은 하나님과 관계를 누리며 새 생명을 얻을 수 있게 된 것입니다.

아이들에게 예수님이 마가복음 10장 45절에서 "인자가 온 것은 섬김을 받으려 함이 아니라 도리어 섬기려 하고 자기 목숨을 많은 사람의 대속물로 주려 함이니라"고 말씀하셨음을 이야기해 주십시오. 아이들에게 하나님의 통치를 거부하고, 하나님을 경외하지 않고 살아가는 것에 대한 대가가 있다는 사실을 설명해 주십시오.

십자가는 그 대가를 아주 분명하게 보여 줍니다. 죄는 심각한 것이기에, 하나님은 그 죄를 사하시기 위해 죽음으로써만 대가를 치르게 하신 것입니다.

누군가가 자신이 저지르지 않은 것에 대해 처벌을 받아야 한다는 것이 불공평해 보일 수도 있습니다. 아이들에게 학교 친구나 형제자매와 관계에서 이러한 경험을 한 적이 있는지

47

Notes

물어보십시오.

자신이 죄를 저지르지 않았지만 다른 이의 죄로 인한 형벌을 받기로 한 것은 예수님의 결정이었다는 점을 아이들에게 설명하십시오(문 21과 막시밀리아노 콜베의 이야기를 다시 한 번 말해 주어도 좋습니다). 하나님은 그 형벌을 다하기 위해서 완벽한 희생 제물이 드려지기를 요구하셨습니다. 예수님은 그 요구 사항을 정확히 만족시키는 유일한 분이셨습니다. 오직 그리스도의 보혈만이 정말로 사람을 구속할 수 있습니다.

아이들이 문24와 답을 기억하도록 도우면서 수업을 마치십시오.

이 내용은 단순히 수업 지도를 위한 것입니다. 가르치는 아이들과 상황에 따라 이 내용을 확장하거나 수정하십시오. 여러분의 말로 여러분의 이야기를 쓰십시오. 그리고 아이들에게 직접하게 응용할 만한 예화나 적용을 추가하십시오.

활동

오래된 잡지, 종이, 가위, 풀을 준비하십시오.

아이들에게 잡지에서 글자를 오려 단어를 만들어 종이에 붙여서 단어 콜라주를 만들어 보라고 하십시오. 아이들에게 자기 백성을 구속하신 하나님의 놀라운 사랑을 생각해 보라고 하십시오. 그리고 하나님에게 우리 마음이 어떠한지를 압축적으로 보여 주는 단어를 만들어 보라고 말해 주십시오.

토론과 질문

아이들은 다음과 같은 질문을 할 수도 있습니다.

? 하나님이 반드시 누구를 구속하셔야 하는 것은 아니었다면, 왜 하나님은 그렇게 하기로 정하셨나요?

하나님은 자신의 피조물과 관계를 맺기를 바라십니다. 하나님은 우리가 자신의 선하심을 알고 누리기 원하십니다. 그래서 우리와 다시 친구가 되기를 원하십니다.

? 예수님은 모든 사람을 화목하게 하고 구속하기 위해 죽으셨나요?

예수님의 죽으심은 오직 회개하며 믿음으로 예수님께 돌이키는 자들만을 구속합니다. 예수님의 죽으심은 그분을 거부하는 자들을 구속하지 않습니다.

문24 | 구속자이신 그리스도께서 왜 죽으셔야 했습니까?

Notes

다음 질문을 통해 아이들이 자신의 삶을, 그리고 이 교리문답이 각자에게 어떻게 영향을 줄지를 생각하도록 도와주십시오.

- 예수님이 반드시 죽으셔야 했던 이유를 분명히 이해했나요?
- 예수님이 우리를 대신해서 행하신 그 위대한 일이 예수님을 향한 우리의 사랑을 더하게 하나요?
- 그리스도가 죽으셔야만 했다는 필요성을 이해하지 못하는 사람들을 위해 어떻게 기도할 것인가요? 그리고 그들과 어떠한 이야기를 나눌 것인가요?

덕목 찾기

사랑

아이들에게 "문24 연애편지 예시"(자료집)을 복사하여 사인펜과 함께 하나씩 나눠 주십시오.

아이들이 하나님께 연애편지를 써서, 예수님 안에서 나타난 하나님의 위대한 사랑에 각자 나름대로 반응할 수 있게 하십시오. 콜라주에서 만든 단어를 사용해도 좋습니다.

아이들에게 자신을 향한 하나님의 사랑을 이해하면 다른 사람을 사랑하는 방식이 어떻게 달라질지 생각해 보도록 하십시오. 아이들에게 하나님의 사랑은 굉장히 소중한 것이며, 많은 희생을 요구한 것임을 새겨 주십시오. 또 어떻게 하면 다른 사람들을 희생적으로 사랑할 수 있을지 물어보십시오.

시간이 허락한다면, 아이들에게 이웃을 떠올리면서 자신을 희생하며 다른 사람을 사랑하는 방법에는 어떤 것이 있을지 생각해 보도록 하십시오. 이번 주에 다른 사람을 어떻게 사랑할지에 관해서 자신에게 도전이 되는 목표를 적어 보도록 하십시오. 아이들을 독려하여 되도록 자세하게 작성하게 하고, 좋은 생각이 나오면 그 일에 열심을 낼 수 있도록 독려하십시오.

암송 활동

빨대를 준비하고, 암송 구절 또는 교리문답을 두 개 프린트하여 단어별로 각각 자르십시오 (활동 전에 종이의 크기와 무게를 고려해서 미리 준비하십시오).

아이들을 두 팀으로 나누십시오. 팀별로 교실 끝에 탁자를 두고, 잘라 둔 단어들을 그 위에 놓으십시오. 아이들에게 릴레이 경기를 할 것이라고 설명해 주십시오. 탁자 맞은편에 있던 아이들이 탁자로 달려가서 빨대 끝으로 단

49

Notes

어를 하나 빨아들여서 다시 자기 팀으로 가져와야 합니다. 한 아이가 돌아오면 다음 아이가 달려가게 하십시오. 암송 구절이나 교리문답을 다 모은 팀이 우승합니다. 아이들에게 도움이 되도록 게임 전에 말씀을 읽어 주십시오. 게임이 끝난 후에는 아이들이 내용을 더 잘 기억하도록 몇 차례 함께 읽으십시오.

⑤ 마치는 기도

아이들이 자신을 향한 하나님의 사랑이 얼마나 위대한지를 기억하고, 다른 친구들도 자신의 구속자를 알아 동일한 경험을 하기 원하는 마음을 품도록 기도하게 하십시오.

문25

그리스도의 죽음은 우리의 모든 죄를 용서받을 수 있다는 뜻입니까?

답

그렇습니다. 그리스도의 십자가 죽음이
우리 죄에 대한 대가를 완전히 치렀기 때문입니다.
하나님은 더 이상 우리 죄를 기억하지 않으십니다.

핵심 개념
십자가에서 예수님은 회개하며 믿음으로 자신에게 돌아온 자들의 죄를 완전히 용서하기 위해 필요한 모든 것을 성취하셨다.

암송 구절
"하나님이 죄를 알지도 못하신 이를 우리를 대신하여 죄로 삼으신 것은 우리로 하여금 그 안에서 하나님의 의가 되게 하려 하심이라"(고후 5:21).

목적
아이들이 그리스도께서 전가하신 의로움을 확신하고 기뻐하도록 돕는다.

핵심 덕목
기쁨

성경 본문
고린도후서 5장 16-21절

Notes

기억하십시오

성 금요일 그리스도의 십자가에서, 이 세상에 지금까지 있었던 그 어떤 거래보다도 위대한 거래가 일어났습니다. 하나님은 자비로우시고 인자하셔서 회개하는 모든 자의 죄를 주 예수 그리스도께 두셨습니다. 그 죄로 인한 모든 형벌을 예수님의 몸으로 담당하도록 정하신 것입니다. 위대한 맞바꿈이 일어난 것입니다! 예수님은 죄를 취하시고 의로움을 내주셨습니다.

이번 문답을 통해 아이들은 예수님이 십자가에서 죽으심으로 무엇을 성취하셨는지 정확히 이해하게 될 것입니다. 이번 문답의 목적은 아이들이 그리스도의 구속 사역을 확실히 신뢰하고, 그리스도를 통해 하나님과 화해하게 될 때 누리는 깊고도 영원한 기쁨을 알게 하는 것입니다.

수업을 계획하고 가르칠 때 기억할 것들

- 아이들 중 몇몇은 이미 전가된 의라는 개념을 이해하고 있을 것입니다. 이 아이들에게는 이 위대한 맞바꿈이 얼마나 멋진 것인지, 회개하고 믿는 모든 자에게 이것이 개인적으로 어떠한 의미가 있는지를 강조하여서 수업에 적극적으로 참여하도록 하십시오.
- 그 밖의 아이들에게는 전가된 의라는 개념이 이해하기 어려울 수 있습니다. 자신의 경험을 넘어서는 것이기 때문입니다. 이 문답을 분명하고도 간명하게 설명하십시오.
- 이 전가된 의가 아이들 개개인의 삶에 어떤 의미가 있는지를 강조하여 아이들의 마음을 이끄십시오.
- 인도자는 자신이 정한 시간 계획에 맞추어 이 문답에 있는 활동을 섞거나 수정할 수 있습니다(학습 계획을 예시한 13쪽을 참조하십시오). 그 요소들을 모두 할 시간이 없을지도 모릅니다. 여러분이 가르치는 아이들의 강점과 약점에 따라 각 활동을 자유롭게 응용하십시오.

기도하십시오

의로우신 하나님 감사합니다. 예수님 때문에 그리스도의 의를 알았고, 하나님 앞에 서 있음을 확신할 수 있습니다. 날마다 그 깊은 기쁨을 알게 하시고 복음을 확실히 신뢰하게 해주십시오. 이 문답을 듣는 아이들에게 이해하는 마음을 주셔서, 예수님이 자신을 신뢰하는 자들을 위해 십자가에서 행하신 이 위대한 맞바꿈을 깨닫게 하십시오. 또한 구원에 따르는 엄청난 기쁨을 알게 하십시오. 예수님의 이름으로 기도합니다. 아멘.

문25 | 그리스도의 죽음은 우리의 모든 죄를 용서받을 수 있다는 뜻입니까?

준비하십시오
- 물놀이용 공
- 유성펜
- 판지
- 컵 또는 꽃병 세 개
- 라벨지
- 요오드 용액
- 표백제
- 인도자가 입기에 넉넉한 흰 티셔츠 두 장
- 중간 크기 상자 두 개
- 나뭇가지, 나뭇잎, 돌멩이
- 오백 원짜리 동전, 아이 수만큼
- 화이트 보드와 펜

Notes

교리문답 정리

물놀이용 공에 교리문답 문1에서 문24까지 중에서 질문 몇 개를 선택해서 적으십시오.

아이들을 원으로 모이게 하고, 물놀이용 공을 바닥에 떨어뜨리지 않는 것이 게임의 방법이라고 설명해 주십시오. 아이들 모두 참여하게 하고 공이 공중에 계속 떠 있도록 하십시오.

만약 공이 땅에 떨어지면, 누군가가 나와서 공에 있는 질문에 답해야 합니다. 그렇지 않으면 팀 전체가 벌칙을 받게 됩니다. 벌칙은 팔 벌려 뛰기 20회, 또는 팔 굽혀 펴기 5회, 또는 게 걸음으로 교실 가로지르기처럼 재밌고 쉬운 동작으로 정하십시오.

문25 소개

컵 또는 꽃병 세 개를 각각 다음과 같이 준비하십시오.

1. 물 100퍼센트
2. 물 80퍼센트와 요오드 20퍼센트
3. 물 80퍼센트와 표백제 20퍼센트

첫 번째 컵에는 "**당신**", 두 번째 컵에는 "**죄**", 세 번째 컵에는 "**예수님**"이라고 라벨지를 붙이십시오.

우리는 태어나는 순간 아담 안에 있는 것이며, 이는 우리가 죄악 된 존재임을 뜻합니다. 두 번째 컵(**죄**)에서 첫 번째 컵(**당신**)으로 액체를 약간 붓습니다. 물은 곧 변색될 것이며, 이는 죄의 영향력을 보여 줍니다. 아이들에게 우리 모두 죄에 완전히 오염되었다고 설명해 주십시오.

몇몇 아이에게 구속을 베푸시는 예수 그리스도를 신뢰하여 죄를 용서해 주실 것을 구하면 어떤 일이 벌어지는지 설명해 보도록 독려하십시오. 예수님이 우리의 죄를 용서하실 때,

53

Notes

예수님의 의가 우리를 덮으신다는 점을 새겨 주십시오. 그리스도인들은 **그리스도 안**에 있는 사람들임을 강조하기 위해, 첫 번째 컵(**당신**)에 있는 내용물을 세 번째 컵(**예수님**)에 부으십시오. 첫 번째 물병에 있던 액체가 세 번째 컵에 담기면서 즉시 투명해지는 것을 관찰하십시오. 아이들에게 옛 **당신**의 흔적을 조금이라도 찾아볼 수 있는지 물어보십시오. 문25를 읽어 주십시오. "그리스도의 죽음은 우리의 모든 죄를 용서받을 수 있다는 뜻입니까?" 이 문답을 통해 아이들은 예수 그리스도의 죽으심으로 모든 죄가 용서받을 수 있다는 사실을 이해하게 될 것입니다. 그 죄는 철저하게 처리되어 완전히 사라질 것입니다.

활동

유성펜과 두 장의 흰 티셔츠가 필요합니다. 한 티셔츠에는 "죄악 된", 다른 티셔츠에는 "의로운"이라고 쓰십시오.

티셔츠의 앞면과 뒷면 사이에 판지를 대서 "죄악 된"이라고 쓸 때, 다른 면에 묻어나지 않게 해주십시오. 아이들에게 하나님께 죄를 짓는 것, 하나님의 명령을 어기는 것과 관련된 단어들을 생각나는 대로 티셔츠에 쓰게 하십시오.

아이들이 다 썼으면, 인도자 중 한 명에게 그 티를 지금 입고 있는 옷 위에 겹쳐 입으라고 부탁하십시오. 그리고 그 모습이 바로 예수 그리스도에게 구속받기 전 우리의 모습이라고 설명해 주십시오. 우리는 죄로 가득했고, 하나님의 다스림을 거부했으며, 하나님의 법을 어겼습니다. 그런데 회개하고 믿음으로 예수님께 돌아오면, 놀라운 일이 생긴다고 아이들에게 설명해 주십시오. 그리고 그 일은 역사상 가장 위대한 맞바꿈이었다고 말해 주십시오! 죄로 더럽혀진 티를 벗고 "의로운"이라고 쓰인 티를 입게 하십시오. 예수님이 모든 죄와 반역 행위를 취하셔서, 구속받은 죄인들에게 자신의 완벽한 의를 그 대가로 주신다는 점을 설명하십시오(티셔츠 두 장을 모두 보관해 두십시오. 문27에서 다시 필요합니다).

아이들에게 어떤 일이 일어난 것인지를 이해하는지 물어보십시오. 예수님은 자신이 구속하신 모든 사람에게 완벽한 의를 베푸셨습니다. 이는 하나님이 구속받은 죄인을 보실 때, 그를 의로운 존재로 보신다는 뜻입니다. 의로움이란 간단합니다. 하나님의 마음에 드는 것입니다. 예수님은 완벽하고, 죄 없는 삶을 사셨기 때문에 하나님의 마음에 드셨습니다. 구속받은 죄인이 예수 그리스도의 의로움을 받는 순간, 그 사람은 더 이상 공정한 심판자이신 하나님 앞에 죄 없는 존재가 됩니다. 그리고 하나님과 화목하게 되어 친구 관계가 되는 것입니다.

아이들에게 이것이 가장 최고의 맞바꿈이라는 점에 동의하는지 물어보십시오!

수업 개요

수업을 시작하면서 하나님께 도움을 구하십시오. 자신이 이번 문답을 신실하게 가르치게 해 달라고, 아이들이 잘 듣게 해달라고 간구하십시오.

고린도전서 5장 16-21절을 읽으십시오. 아이들이 말씀을 함께 읽을 수 있도록 성경을 준비하십시오.

아이들에게 바울이 고린도에 있는 그리스도인들에게 편지를 쓰고 있다고 설명하십시오. 바울은 육체 안에 있는 것(비그리스도인)과 그리스도 안에 있는 것(그리스도인)의 차이를 설명하고 있습니다. 바울은 고린도인들이 접한 몇 가지 잘못된 가르침을 고쳐 주려 하고 있습니다.

바울은 고린도인들에게 예수님을 그저 한 사람으로 존경하는 것이 아니라, 온전한 사람이자 온전한 하나님으로 섬길 것을 가르칩니다. 그분은 완벽한 구속자로서 모든 인류의 죄를 단번에 해결하셨습니다.

바울은 그리스도께 구원받은 사람은 누구나 새로운 창조물이고, 하나님을 믿는 자는 누구나 그분의 자녀이자 천국의 일원된다고 가르쳤습니다. 하나님을 싫어하고 대적하는 오래된 습관은 사라지고 하나님을 사랑하고 하나님을 위해 살아가는 새로운 삶이 시작됩니다.

바울의 삶을 통해 이런 변화가 얼마나 급진적으로 일어났는지를 아이들에게 설명해 주십시오. 예수님을 증오하던 바울은 회개하고 다시 태어나 그의 모든 삶을 예수님을 전하는 데 바쳤습니다.

바울은 하나님이 우리를 죄에서 구원해 주시며 그분에게로 돌아오는 자들을 용서해 주신다고 강조했습니다. 아이들에게 이 사실에 놀랐는지 물어보십시오. 하나님은 왜 이렇게 하실까요? 하나님은 왜 죄를 짓고 그분의 법을 따르지 않는 우리와 친구가 되고 싶어 하실까요? 이것은 하나님의 주도적인 사랑 때문입니다. 이 놀라운 사실을 아이들에게 말해 주십시오. 하나님은 죄인을 용서해주실 뿐만 아니라 거룩하시며 의로우신 분이라는 것을 기억하도록 아이들을 독려하십시오.

바울은 다시 한 번 이 본문에서 하나님이 죄를 그냥 지나치실 수 없다고 설명합니다. 바울은 죄를 해결하기 위해서는 반드시 대가를 치러야 한다고 말했습니다. 하나님의 공의를 이루기 위해 반드시 죄인은 형벌을 받아야 합니다. 아이들에게 21절 말씀을 읽고 바울이 예수님에게 일어난 일을 묘사한 것을 찾아 보게 하십시오.

바울은 하나님 앞에서 사람들이 의롭게 여겨질 수 있도록 죄가 없으셨던 예수님이 대신 죄를 짊어지셨다고 선포했습니다.

아이들에게 **의롭다**는 의미가 무엇인지 알려 주십시오. 그것은 사람들이 하나님 마음에 합당한 사람이 되는 것을 뜻합니다. 그렇게 되기 위해서 사람들은 모든 죄에서 온전히 깨끗해져야 합니다.

아이들에게 물어보십시오. 사람들이 하나님 앞에서 의롭게 되기 위해서는 그들의 죄가

Notes

어떻게 되어야 할까요? 죄가 조금 남아 있어도 가능할까요? 사람들이 하나님 앞에서 의롭게 되기 위해서는 그들의 죄가 반드시 완전하게 제거되어야 합니다.

예수님이 십자가에서 돌아가셨을 때 하나님은 죄로 인하여 우리가 받아 마땅할 형벌을 예수님에게 가하셨습니다. 예수님은 하나님의 진노와 공의로운 심판을 온전히 경험했습니다.

그리스도의 죽음은 인간의 모든 죄가 용서받을 수 있다는 것을 의미합니다. 결론적으로, 이것은 사람들이 삶을 편안하고 쉽게 살거나 죄의 유혹에서 자유로울 것임을 의미하지는 않습니다. 하지만 예수님이 인간의 죄 값을 대신 치르셔서 하나님이 인간의 죄가 사해졌음을 선언하셨다는 것을 의미합니다. 그렇기 때문에 우리는 하나님의 은혜를 기억하고 예수님께 감사해야 합니다!

아이들이 문25와 답을 기억하도록 도우면서 수업을 마치십시오.

이 내용은 단순히 수업 지도를 위한 것입니다. 가르치는 아이들과 상황에 따라 이 내용을 확장하거나 수정하십시오. 여러분의 말로 여러분의 이야기를 쓰십시오. 그리고 아이들에게 적절하게 응용할 만한 예화나 적용을 추가하십시오.

활동

중간 크기의 상자 두 개를 준비하십시오. 한 상자에는 "아담의 죄", 다른 상자에는 "예수님의 의"라고 붙이십시오. "아담의 죄"라고 이름 붙인 상자는 나뭇가지, 나뭇잎, 돌멩이 등으로 채워 놓습니다. "예수님의 의"라고 이름 붙인 상자는 동전으로 채워 놓는데, 적어도 아이들에게 하나씩은 돌아가도록 채워 놓으십시오.

아이들에게 오늘 수업에 참여하는 비용은 오백 원이라고 말하십시오. 상자에서 꺼낸 것으로 지불할 수 있기 때문에 돈이 없어도 걱정할 필요는 없다고 말해 주십시오. "아담의 죄"라고 되어 있는 상자를 높이 들어 안쪽이 보이지 않게 하고 다만 나뭇가지, 나뭇잎, 돌멩이를 꺼낼 수만 있게 하십시오. 이제, 아이들에게 어떻게 수업 참여비를 지불할 것인지 물으십시오.

아이들에게 "아담의 죄" 상자에서 꺼낸 것은 가치가 없기 때문에 원하지 않는다고 말해 주십시오. 그리고 수업 참여 비용을 어떻게 지불할 것인지 다시 물어보십시오.

아마도 아이들은 "예수님의 의"라는 이름이 붙어 있는 상자에 무언가가 있다는 점을 알아차릴 것입니다. 그렇지 않다면 힌트를 주십시오. 아이들에게 상자에서 오백 원 짜리 동전을 꺼내도록 하십시오. 아이들이 모두 동전을 챙겼으면, 자신들이 지니고 있는 아무런 가치가 없는 나뭇가지, 나뭇잎, 돌멩이들을 "예수님의

문25 | 그리스도의 죽음은 우리의 모든 죄를 용서받을 수 있다는 뜻입니까?

Notes

의" 상자에 넣게 하십시오.

마지막으로, 아이들에게 이제는 어떻게 빚을 갚을 수 있겠는지 물어보십시오. 아이들에게 동전을 받으면서 그리스도가 엄청난 가치가 있는 자신의 의를, 하나님의 진노로 우리를 이끄는 불의와 바꾸셨음을 설명해 주십시오.

토론과 질문

아이들은 다음과 같은 질문을 할 수도 있습니다.

? 구원받아 의롭게 되었다는 것은 제가 다시는 죄를 저지르지 않는다는 뜻인가요?

이 말은 다시는 죄를 저지르지 않는다는 뜻이 아닙니다. 죄에 대한 유혹은 언제나 인간의 삶의 일부입니다. 하지만 이 말은 하나님이 그리스도인을 바라보실 때, 인간의 죄악 됨을 보시는 것이 아니라 그리스도의 의를 본다는 뜻입니다.

? 죄가 인간 삶의 일부라면 내가 원하는 대로 마음껏 죄를 저지를 수 있다는 뜻인가요?

한 사람이 구속을 받고 그리스도인이 되면, 성령님이 그 안에 들어와 살게 됩니다. 성령님의 목적은 그리스도인들을 도와 그들이 순종하는 삶을 살며, 그렇게 함으로써 하나님을 영화롭게 하는 것입니다. 하지만 그렇다고 해서 그들이 조금이라도 하나님의 은혜를 자기의 힘으로 얻어 내는 것은 결코 아닙니다. 이미 예수님이 그들에게 완벽한 의를 베푸셨기 때문입니다. 다만, 순종은 하나님을 기쁘시게, 영화롭게 하는 것입니다. 앞으로 다룰 문답에서 이 내용들을 더 자세히 다루게 될 것입니다.

다음 질문을 통해 아이들이 자신의 삶을, 그리고 이 교리문답이 각자에게 어떻게 영향을 줄지를 생각하도록 도와주십시오.

- 그리스도의 의가 자신의 것이 되었다는 사실을 앎으로써, 삶에 어떠한 변화가 있었나요?
- 예수님이 십자가에서 성취하신 것을 잘 모르는 친구에게 이 위대한 맞바꿈에 대해서 어떻게 설명할 수 있을까요?

덕목 찾기

기쁨

아이들에게 영화 〈인사이드 아웃〉을 봤는지 물어보십시오. 영화를 본 친구들에게 주인공 조이(기쁨)를 설명해 보도록 합니다. 조이의 중요한 목표는 라일리를 행복하게 만드는 것입니다. 조이는 모든 상황에서 밝은 면을 보려고

Notes

합니다! 조이는 그저 라일리가 행복하기만을 바랍니다.

　아이들에게 그러한 기쁨이란 항상 행복한 것이라고 생각하는지 물어보십시오. 아이들에게 "일이 잘 풀리지 않을 때도 기쁨을 느낄 수 있나요?"라고 질문하면서 아이들의 생각을 들어 보십시오.

　아이들에게 오늘 수업에서 어떤 내용이 그들에게 기쁨을 주었는지 물어보십시오. 심지어 일이 자기 뜻대로 되지 않을 때도 말입니다. 그리스도인이란 예수님이 자신에게 행하신 일 때문에 기쁨을 누리는 자들입니다. 모든 것이 잘 되든 그렇지 않든, 그것은 중요하지 않습니다. 기쁨이란 우리 대신 이루어진 그 위대한 맞바꿈을 기억할 때마다 항상 경험할 수 있는 것입니다.

🕙 암송 활동

화이트 보드에 암송 구절 또는 교리문답을 쓰십시오. 손에는 교리문답 정리 시간에 사용했던 물놀이용 공을 드십시오.

아이들을 두 팀으로 나누어 두 줄로 앉게 합니다. 아이들과 함께 암송 구절을 몇 차례 읽습니다. 그리고 암송 구절을 한쪽에 치우거나 지우십시오. 각 줄 가장 처음에 있는 아이에게 공을 넘기십시오. 그러면 그 아이는 암송 구절이나 교리문답의 첫 번째 단어를 말하고 다음 사람에게 공을 던집니다. 그러면 그 공을 받은 사람은 암송 구절이나 교리문답의 두 번째 단어를 말합니다. 이렇게 계속하십시오. 암송 구절이나 교리문답의 답을 완전히 할 때까지 이 과정을 되풀이합니다. 암송 구절을 한 번 더 같이 외치면서 마무리합니다.

🕔 마치는 기도

아이들이 가장 위대한 맞바꿈의 의미를 분명히 이해할 수 있게 해달라고 기도하며 마무리하십시오. 아이들이 구속하시는 예수님을 신뢰하며 기뻐하게 해달라고 기도하십시오.

문26

그리스도의 죽음은 또 무엇을 구속합니까?

답

타락한 창조 세계의 모든 영역을 구속합니다.

핵심 개념
예수님 안에서 행하신 하나님의 구속 사역은 피조물뿐만 아니라 창조 세계에도 유익하다.

목적
모든 창조 세계가 그리스도의 죽음을 통해 구속받게 될 것을 아이들이 이해하도록 돕는다.

성경 본문
골로새서 1장 18-20절

암송 구절
"아버지께서는 모든 충만으로 예수 안에 거하게 하시고 그의 십자가의 피로 화평을 이루사 만물 곧 땅에 있는 것들이나 하늘에 있는 것들이 그로 말미암아 자기와 화목하게 되기를 기뻐하심이라"(골 1:19-20).

핵심 덕목
희망

Notes

기억하십시오

아이들은 성장하면서 많은 사람이 이 세상과 이 삶이 전부라고 믿는다는 것을 점점 분명하게 인지하게 됩니다. 그러한 세계관은 하나님을 배제하며, 많은 사람은 "먹고, 마시고, 즐거워하라, 내일 우리는 죽을 것이다"라는 말로 대변되는 삶을 살아갑니다. 하지만 그리스도인들은 하나님이 지금도 예수님의 구속 사역을 통해 만물을 자신과 화목하게 하신다는 것을 알고 있습니다. 성경은 이 삶이 전부가 아니며, 이 세상도 구속받고 회복될 것임을 분명히 가르칩니다.

이번 문답을 통해 아이들은 그리스도의 구속 사역이 단지 사람뿐 아니라 모든 피조물에게까지 영향을 끼친다는 사실을 이해하게 될 것입니다. 이번 교리문답의 목적은 하나님께서 자신이 지으신 이 세상을 향해 구원 계획을 세우셨다는 사실을 아이들에게 보여 주는 것입니다. 또한 아이들이 새 하늘과 새 땅을 곰곰이 생각하고 그곳에 희망을 품도록 합니다.

수업을 계획하고 가르칠 때 기억할 것들

- 많은 아이는 이 세상을 몹시 엉망진창인 곳으로 여길 것입니다. 따라서 구속 사역에 존재하는 "이미/그러나 아직"(already/but yet)의 의미를 강조하는 것이 중요합니다.

- 아이들은 새로운 창조 세계에 있을 다양한 사물에 관하여 질문을 던지다가 쉽게 산만해질 수도 있습니다. 새로운 창조 세계는 단지 자연뿐 아니라 우리가 이룩한 문명 세계도 포함한다는 사실을 아이들이 이해하도록 도우십시오. 하지만 주제에서 벗어나는 이야기를 깊게 다루지는 마십시오!

- 아이들 중에 새 하늘과 새 땅이라는 개념을 처음 접하고 이 개념을 새롭게 여기는 아이도 있을 테지만, 오히려 우려감을 품는 아이도 있을 것입니다. 이번 문답을 통해 아이들이 새 하늘과 새 땅에 대한 기쁨, 기대감, 소망을 품을 수 있도록 하십시오.

- 인도자는 자신이 정한 시간 계획에 맞추어 이 문답에 있는 활동을 섞거나 수정할 수 있습니다(학습 계획을 예시한 13쪽을 참조하십시오). 그 요소들을 모두 할 시간이 없을지도 모릅니다. 여러분이 가르치는 아이들의 강점과 약점에 따라 각 활동을 자유롭게 응용하십시오.

기도하십시오

사랑의 하나님, 세상을 향해 아름다운 구원의 계획을 세워 주시니 감사합니다. 또한 하나님의 창조 세계가 온전히 구속되고 회복될 것을 소망하며 기대할 수 있게 하심을 감사합니다. 우리 마음이 영원히 그날을 기대하게 하십시오. 이 문답을 배우는 아이들에게 이해하는 마

문26 | 그리스도의 죽음은 또 무엇을 구속합니까?

음을 주십시오. 하나님의 구속 사역을 이해하고, 창조 세계가 온전히 회복될 것을 생각하며 기쁨과 희망으로 충만하게 해주십시오. 예수님의 이름으로 기도합니다. 아멘.

Notes

준비하십시오

- "문26 교리문답 정리 기억력 게임"(자료집)
- 아름다운 장소, 사람, 사물을 담은 사진들
- 공기 주입식 지구본
- 검은색 잉크
- 큰 양동이
- 화이트 보드와 펜
- 상단에 "희망"이라고 프린트된 종이, 아이 수만큼
- 한글 자음, 모음 모양의 블록
- 성경책
- 그릇

---

⑤ 교리문답 정리

"문26 교리문답 정리 기억력 게임"(자료집)을 복사하고, 선을 따라 자르십시오. 그리고 격자 모양으로 바닥에 두십시오.

이것은 기억력 게임입니다! 아이들을 모으고 차례대로 종이를 두 조각씩 뒤집게 합니다. 게임 방법은 질문과 답변이 일치하는 짝을 찾는 것입니다. 만약 질문과 답변이 일치하지 않으면 다시 뒤집어서 바닥에 둡니다. 아이들은 종이를 뒤집을 때마다 그 내용을 잘 기억해서 자신의 차례가 올 때 맞는 짝을 찾도록 해야 합니다.

---

⑤ 문26 소개

아름다운 장소나 사람, 사물을 담은 사진들을 준비하십시오.

아이들에게 이 세상에서 가장 사랑하는 것이 무엇인지 물어보십시오. 어쩌면 좋아하는 장소일 수도 있고, 좋아하는 새일 수도 있으며, 좋아하는 건물일 수도 있습니다. 그리고 나서 이 세상에서 아름답다고 하는 것들의 사진을 보여 주십시오.

지금 이 세상도 엄청나게 아름답지만, 이것은 하나님의 본래 의도하신 바에 미치지 못한다는 점을 강조하십시오. 세상의 모든 것이 죄에 영향을 받았다고 이야기해 주십시오. 죄의 파괴적인 영향력이 하나님의 창조 세계 모든

Notes

부분에 영향을 끼치고 있다는 점을 설명하십시오.

아이들에게 죄의 영향이 없었다면 하나님의 창조 세계가 어떤 모습이었을지 상상해 보라고 하십시오. 아마도 어느 누가 상상하는 것보다도 아름답고 놀라운 모습이었을 것입니다! 그렇다면 그러한 본래의 창조 세계와 지금은 무엇이 어떻게 다른지 이야기해 보도록 하십시오. 문26을 읽어 주십시오. "그리스도의 죽음은 또 무엇을 구속합니까?" 예수님의 십자가 죽음은 인간뿐 아니라 모든 창조 세계에도 큰 의미가 있습니다. 이번 교리문답을 통해 그 말의 뜻을 조금 더 잘 이해하게 될 것입니다.

활동

아이들에게 "창조, 타락, 구속"이라는 게임을 할 것이라고 말하십시오. 교실의 왼쪽 편을 창조, 가운데 지역을 타락, 오른쪽 편을 구속이라고 정합니다. 아이들에게 이 세 단어 중 하나를 외치면, 그쪽으로 빨리 가야 한다고 말해 주십시오. 시작할 때는 천천히 하십시오. 그리고 점차 속도를 높여 나가십시오!

어느 정도 게임을 했으면 아이들에게 다음 성경 구절들을 읽어 주십시오. 그리고 하나님이 들려주시는 이 세상 이야기 가운데 각 구절이 교실 어느 지역에 해당하는지 생각해 보고, 아이들이 그곳으로 가도록 지도하십시오.

- "태초에 하나님이 천지를 창조하시니라"(창 1:1). **창조**
- "그 바라는 것은 피조물도 썩어짐의 종노릇한 데서 해방되어 하나님의 자녀들의 영광의 자유에 이르는 것이니라"(롬 8:21). **구속**
- "여자가 그 나무를 본즉 먹음직도 하고 보암직도 하고 지혜롭게 할 만큼 탐스럽기도 한 나무인지라 여자가 그 열매를 따먹고 자기와 함께 있는 남편에게도 주매 그도 먹은지라"(창 3:6). **타락**
- "하나님이 그들에게 복을 주시며 하나님이 그들에게 이르시되 생육하고 번성하여 땅에 충만하라, 땅을 정복하라, 바다의 물고기와 하늘의 새와 땅에 움직이는 모든 생물을 다스리라 하시니라"(창 1:28). **창조**
- "이같이 하나님이 그 사람을 쫓아내시고 에덴동산 동쪽에 그룹들과 두루 도는 불 칼을 두어 생명나무의 길을 지키게 하시니라"(창 3:24). **타락**
- "그의 십자가의 피로 화평을 이루사 만물 곧 땅에 있는 것들이나 하늘에 있는 것들이 그로 말미암아 자기와 화목하게 되기를 기뻐하심이라"(골 1:20). **구속**

성경이라는 거대한 이야기는 이 세 가지 주제로 나뉩니다. 아이들에게 이번 문답에서는 죄가 하나님의 창조 세계에 끼친 영향과, 예수

문26 | 그리스도의 죽음은 또 무엇을 구속합니까?

그리스도의 구속이 그 상황을 어떻게 바꿔놓는지에 대해 배울 것이라고 말해 주십시오.

Notes

🕒 수업 개요

공기 주입식 지구본, 큰 양동이, 검은색 잉크를 준비하십시오.

수업을 시작하면서 하나님께 도움을 구하십시오. 자신이 이번 문답을 신실하게 가르치게 해 달라고, 아이들이 잘 듣게 해달라고 간구하십시오.

지난 문답에서 인도자가 요오드를 물에 섞는 것을 했는데, 이는 죄가 우리에게 끼치는 영향을 나타내는 것이라고 알려 준 내용을 기억하는지 아이들에게 물어보십시오. 공기 주입식 지구본을 손으로 드십시오. 그리고 아이들에게 죄가 하나님의 세상에 얼마나 심각한 영향을 끼친다고 생각하는지 물어보십시오. 지구본을 손에 쥐고 양동이 위에 두십시오. 그리고 그 위에 검은색 잉크(죄를 나타냄)를 부으십시오. 그렇게 해서 죄가 이 세상의 모든 사람과 모든 곳에 영향을 끼친다는 점을 보여 주십시오. 죄는 단지 사람에게만 영향을 끼치는 것이 아니라, 하나님의 창조 세계 모든 부분에 영향을 끼칩니다.

로마서 8장 20-22절을 읽으십시오. 아이들이 말씀을 함께 읽을 수 있도록 성경을 준비하십시오.

아이들에게 창조 세계에 대해 바울이 어떻게 생각하고 있는지를 물으십시오. 그리고 아담의 죄 때문에 이 세상이 사망과 부패 아래 놓이게 되었다고 설명하십시오. 창세기 3장에서 하나님은 아담과 하와뿐 아니라 창조 세계도 저주하셨습니다. 그래서 이 세상은 하나님이 창조하신 모습에서 벗어나게 된 것입니다. 또한 하나님이 온전히 회복하실 세상의 모습은 지금과 같지 않습니다. 현재 세상은 새롭게 될 때를 기다리고 있으며, 하나님이 언젠가 그렇게 하기로 약속하셨습니다. 창조 세계 역시 그날을 고대하며 신음하고 있습니다.

예수 그리스도의 죽음은 구속의 시작이었으며, 타락하여 죄로 물들어 버린 창조 세계를 새롭게 하시는 역사의 시작이었습니다.

골로새서 1장 18-20절을 읽으십시오.

아이들에게 골로새서 1장을 다시 소개하십시오. 문24에서 이 말씀을 잠시 살펴봤다는 점을 상기시키십시오. 그리스도의 사명은 하나님의 영광을 위해 만물을 하나님께 회복시키는 것이었음을 다시 새겨 주십시오.

18절에서 바울은 예수님이 "근본"이라고 말했습니다. 바울은 예수 그리스도의 죽음과 부활이 온 세상을 구속하는 시작이라고 선포합니다. 예수님의 죽으심은 인간뿐 아니라 창조 세계 전반을 구속하신 것입니다.

20절에서 바울은 구속이 평화를 이룬다고 설명합니다. 예수님은 하나님과 인간의 관계

Notes

를 회복하시고, 이 세상을 완벽하게 회복하시어 평화를 이루신 것입니다.

아이들에게 성자 하나님이 세상을 창조하신 분이라는 점을 상기시키십시오(문5). 이제 그분은 만물을 다스리는 주님으로 선포되었습니다. 지금 예수님은 창조 세계와 인류를 다시 창조하고 계십니다. 즉 새롭게 하고 계신 것입니다. 재창조가 이미 시작되었지만, 이는 예수님이 돌아오실 때까지 완벽하게 이루어지는 것은 아닙니다. 그때가 되어야 하나님은 역사를 마무리하실 것이고, 그리스도 안에서 구속받은 모든 자를 부르실 것입니다. 그렇게 하셔서 새롭고 완벽한 창조 세계에서 구속받은 자들이 자신과 함께 살도록 하실 것입니다. 창조 세계는 그때야 온전히 새로워지며 회복이 이루어지는 것입니다. 새 하늘과 새 땅이 있을 것이며, 에덴에 있었던 완벽함이 다시 한 번 새로운 창조 세계에 나타나게 될 것입니다.

창조 세계의 모든 것은 하나님께 속한 것이며, 하나님은 인류뿐 아니라 세상도 구속하기 원하십니다. 창조 세계는 여전히 죄의 영향을 받고 있지만, 그리스도의 구속 사역을 통해 언젠가는 죄와 그 모든 영향력에서 자유로워질 것입니다.

요한계시록 21장 1–5절을 읽고 마무리하십시오. 아이들에게 이러한 구속은 회복의 결과를 낳는다는 점을 말해 주십시오. 구속 사역은 이미 그리스도의 죽음과 부활로 성취되었습니다. 하지만 창조 세계는 그분이 다시 오실 때가 되어야 온전히 회복될 것입니다.

아이들이 문26과 답을 기억하도록 도우면서 수업을 마치십시오.

이 내용은 단순히 수업 지도를 위한 것입니다. 가르치는 아이들과 상황에 따라 이 내용을 확장하거나 수정하십시오. 여러분의 말로 여러분의 이야기를 쓰십시오. 그리고 아이들에게 적절하게 응용할 만한 예화나 적용을 추가하십시오.

활동

화이트 보드와 펜이 필요합니다. 화이트 보드에 선을 그려서 동일한 크기의 네 구역으로 나누십시오.

아이들을 네 팀으로 나누십시오. 그리고 각 팀이 나와서 창조, 타락, 구속, 회복(한 팀 당 하나씩)을 표현하는 그림을 그리도록 하십시오. 아이들을 독려하여 성경에 나오는 다양한 이야기를 자유롭게 표현하도록 하십시오.

문26 | 그리스도의 죽음은 또 무엇을 구속합니까?

Notes

토론과 질문

아이들은 다음과 같은 질문을 할 수도 있습니다.

? 왜 지금 온전한 회복이 일어나지 않나요?

예수님이 돌아오셔서 회복시키실 그때가 오면, 그리스도의 피를 통해 구속받을 기회는 더 이상 없습니다. 베드로후서 3장 9절을 보십시오. "주의 약속은 어떤 이들이 더디다고 생각하는 것같이 더딘 것이 아니라 오직 주께서는 너희를 대하여 오래 참으사 아무도 멸망하지 아니하고 다 회개하기에 이르기를 원하시느니라." 구속은 새로운 시대의 도래를 알렸지만, 예수님이 돌아오실 때까지 완전히 현실화되지는 않습니다. 따라서 우리는 창조 세계의 회복을 기다리는 지금, 많은 이가 구원을 받도록 기도해야만 합니다.

? 창조 세계에서 무엇이 구속되는 것인가요?

창조 세계에는 많은 것이 포함됩니다. 단지 우리에게 보이는 자연만이 아닙니다. 건물, 음악, 책, 자전거 등도 포함됩니다. 이러한 맥락에서 창조 세계가 무엇을 의미하는지에 대해 거시적인 관점을 품어 보십시오.

다음 질문을 통해 아이들이 자신의 삶을, 그리고 이 교리문답이 각자에게 어떻게 영향을 줄지를 생각하도록 도와주십시오.

- 새 하늘과 새 땅을 생각할 때, 희망이 생기나요?
- 이번 문답을 통해 하나님의 성품에 대해 무엇을 배웠나요?
- 이번 문답은 창조 세계에 대한 사고방식에 어떠한 영향을 끼쳤나요?

덕목 찾기

희망

아이들에게 어떤 희망이 있는지 물어보십시오. 새 자전거를 사는 것인가요? 학교에서 좋은 성적을 받는 것인가요? 자신이 가장 좋아하는 친구와 한 반이 되는 것인가요?

아이들에게 희망이 미래를 바라보는 방식을 어떻게 바꾸는지 물어보십시오. 희망이란 미래를 기대하게 하고, 현재 상황이 바라는 모습이 아닐지라도 기쁜 마음을 품게 하는 것임을 아이들이 이해할 수 있도록 도우십시오.

아이들에게 상단에 **"희망"**이라고 적힌 종이를 한 장씩 나눠 주십시오. 아이들에게 하나님이 회복하실 창조 세계에서 바라는 것이 무엇인지 목록을 적어 보라고 하십시오.

Notes

암송 활동

한글 자음, 모음 모양의 블록을 준비하십시오. 종이로 직접 만들어도 좋습니다. 아이들이 참고할 수 있도록 성경책을 나눠 주십시오.

아이들을 몇 팀으로 나누고 각 팀에게 한글 자음, 모음 블록이 담긴 그릇을 하나씩 줍니다. 팀별로 자음, 모음을 찾아서 암송 구절과 교리문답을 만들도록 하십시오. 글자가 부족하면 다른 팀과 교환해도 좋다고 말해 주십시오. 아이들이 암송 구절을 기억하는 데 도움이 되도록 암송 구절이나 교리문답을 읽어 주십시오.

마치는 기도

아이들이 창조 세계를 포함하는 위대한 구속 계획을 베푸신 하나님을 찬송하도록 하십시오. 하나님이 구속하시고 회복하실 세상에 기대하는 마음을 품고 아이들이 하나님께 감사하게 하십시오.

문27

모든 사람이 아담으로 타락한 것처럼 모든 사람이 그리스도를 통해 구원을 받습니까?

답

그렇지 않습니다.
오직 하나님이 선택하셔서
믿음으로 그리스도와 연합한 자들만 구원을 받습니다.

핵심 개념
오직 그리스도와 연합한 자들, 즉 이 세상을 창조하시기 전에 하나님이 선택하신 자들만이 구원을 받는다.

암송 구절
"한 사람의 범죄로 말미암아 사망이 그 한 사람을 통하여 왕 노릇 하였은즉 더욱 은혜와 의의 선물을 넘치게 받는 자들은 한 분 예수 그리스도를 통하여 생명 안에서 왕 노릇 하리로다"(롬 5장 17절).

목적
하나님이 구원하기로 작정하신 자를 선택하셨다는 사실을 아이들이 이해하도록 돕는다.

핵심 덕목
감사

성경 본문
에베소서 1장 5-12절

Notes

기억하십시오

만인구원론은 심판 날에 모든 사람이 의롭다 함을 받아서 천국에 들어가게 될 것이라는 믿음입니다. 비록 이러한 주장이 감정적으로 호소력이 있기는 하지만, 성경이 가르치는 바는 아닙니다. 성경은 아담 안에 있는 자들과 그리스도 안에 있는 자들을 분명하게 구분합니다. 그리스도 안에 있는 자들은 구원되어, 영생을 받고 하나님의 임재 가운데 영원히 영생을 누리게 될 것입니다. 이번 문답에서는 선택 교리와 구원의 은혜를 깊이 생각해 볼 것입니다. 이번 문답의 목적은 아이들에게 선택 교리가 아름다운 것이며, 우리가 즐거워해야 할 것임을 보여 주는 것입니다.

수업을 계획하고 가르칠 때 기억할 것들

- 그리스도인이 아닌 가족이 있는 친구들은 이번 문답을 불편하게 여길 수도 있습니다.
- 아이들은 선택 교리를 접하면서, 하나님을 무정한 분으로 여기고 싶은 유혹을 받을 수도 있습니다.
- 어떤 아이들은 자신이 구원받았는지 여부 때문에 불안해할 것입니다. 그런 아이들에게 예수님에 대해 알려 주어 안심시키십시오.
- 인도자는 자신이 정한 시간 계획에 맞추어 이 문답에 있는 활동을 섞거나 수정할 수 있습니다(학습 계획을 예시한 13쪽을 참조하십시오). 그 요소들을 모두 할 시간이 없을지도 모릅니다. 여러분이 가르치는 아이들의 강점과 약점에 따라 각 활동을 자유롭게 응용하십시오.

기도하십시오

은혜로우신 하나님, 저를 당신의 가족으로 미리 정하시고 예수님의 보배로운 피로 저를 구속해 주시니 감사합니다. 이 구원의 은혜를 찬양합니다. 이번 문답을 배우는 아이들에게 이해하는 마음을 주십시오. 아이들이 하나님을 자비롭고, 사랑 많고, 은혜로우신 분으로 알게 해 주십시오. 세상을 다스리시는 하나님의 주권적인 은혜로 힘을 내게 해주십시오. 예수님의 이름으로 기도합니다. 아멘.

준비하십시오

- 풍선
- "문27 교리문답 정리"(다운로드)
- 스포츠 팀 사진
- 입양한 아이를 처음으로 만나는 모습을 담

문27 | 모든 사람이 아담으로 타락한 것처럼 모든 사람이 그리스도를 통해 구원을 받습니까?

- 은 영상
- "문27 삽화 A, B, C"(자료집)
- 종이
- 사인펜

Notes

교리문답 정리

"문27 교리문답 정리"(다운로드)를 프린트해서 자르십시오. 그리고 자른 종이를 작게 접어서 풍선에 각각 집어 넣으십시오. 풍선을 불고 묶으십시오.

아이들에게 이 게임의 방법은 풍선을 터뜨려서, 풍선 안에 있던 종이를 찾아내는 것이라고 말해 주십시오. 종이를 찾으면 함께 문21에서 문26까지 해당하는 질문, 답, 암송 구절을 조합해 나갑니다. 아이들을 몇 팀으로 만들어 각 팀별로 교리문답 하나를 조합하게 하십시오. 조합이 완성되면 교리문답의 질문과 답, 암송 구절을 읽게 하십시오.

문27 소개

스포츠 팀 사진을 준비하십시오.

아이들에게 스포츠 팀의 사진을 보여 주십시오. 아이들에게 팀의 주장이 팀원들을 선정하는 스포츠나 게임을 해본 적이 있는지 물어보십시오. 그리고 주장이 자기 팀원으로 뽑고 싶어 하는 사람은 어떤 사람인지 물어보십시오.

주장은 보통 운동을 잘하거나, 다른 사람들과 잘 어울리는 사람을 자기편으로 뽑는다는 점에 아이들과 의견을 모으십시오. 아이들은 가장 빠르고 강한 친구를 선택하기 원합니다. 즉 점수를 올릴 수 있는 친구 말입니다!

아이들에게 하나님은 어떤 사람을 자기 가족으로 삼으신다고 생각하는지 물어보십시오. 하나님은 팀의 주장이 팀원을 뽑는 방식으로 택하십니까? 성경에 따르면, 하나님도 자기 가족을 **고르십니다**. 하지만 우리의 능력, 지성, 아름다움, 선함에 근거해서 고르지 않으십니다. 하나님이 이렇게 정하시는 것을 두고, 우리는 **선택**이라고 합니다. 이는 순전히 하나님의 뜻으로만 이루어지는 것이며, 절대로 우리 안에 있는 어떤 것 때문에 하나님이 선택하시는 것은 아닙니다.

문27을 읽어 주십시오. "모든 사람이 아담으로 타락한 것처럼 모든 사람이 그리스도를 통해 구원을 받습니까?" 예수님의 죽음과 부활을 통해, 모든 사람이 구속되는 것은 아닙니다. 오직 하나님이 선택하신 자들만이 구원을 받습니다. 하지만 우리가 선택받은 것은 우리 자신에게 어떤 가치가 있기 때문이 아닙니다.

Notes

🕙 활동

입양한 아이를 처음으로 만나는 가족의 영상을 한 개 이상 찾아보십시오(인터넷에 많은 영상이 있습니다). 혹시 교회에 입양한 가정이 있다면, 아이를 처음 입양했을 때 찍은 사진이나 영상을 빌려 줄 수 있는지 물어보십시오.

아이들에게 입양이 무엇인지 질문해 보십시오. 입양을 결정한 후 어떤 아이를 입양할지 선택하는 방식을 아는지 물어보십시오. 그 부모님은 자기가 보기에 가장 똑똑하거나, 예쁘거나, 건강하게 움직이는 아이를 선택할까요? 아이들은 아직 어린데 어떤 사람이 될지 어떻게 알 수 있을까요?

이번 문답에서는 그리스도가 구원을 주신다고 신뢰하는 자는 하나님께 입양된 것이라는 사실을 배우게 될 것이라고 알려 주십시오. 그들은 이 세상이 만들어지기도 전에 그리스도 안에서 선택된 자들입니다! 하지만 우리에게 무슨 특별한 것이 있어서 선택된 것은 아닙니다. 다만 하나님이 자신의 뜻대로 우리에게 사랑을 베풀기로 결정하신 것뿐입니다.

아이들에게 영상에 나오는 부모님들이 입양할 아이가 속해 있는 장소의 모든 아이를 입양하느냐고 물어보십시오(예를 들어, 브라운 가족이 중국 아이를 **입양한다고 중국에 있는 모든 아이를 입양하나요?**). 이것은 구원과 유사한 점이 있다는 것을 아이들이 깨닫도록 하십시오. 즉, 하나님은 이 세상에 있는 모든 사람을 입양하지 않으시고, 선택한 자만 입양하십니다.

🕒 수업 개요

수업을 시작하면서 하나님께 도움을 구하십시오. 자신이 이번 문답을 신실하게 가르치게 해 달라고, 아이들이 잘 듣게 해달라고 간구하십시오.

아이들에게 어떤 사람들은 만인구원론이라고 하는 것을 믿는다고 설명해 주십시오. 그것에 대해 아는 아이가 있는지 물어보십시오. 만인구원론을 믿는 사람들은 그리스도의 피를 통해 하나님께 용서를 구하였는지 여부와 상관없이 하나님이 모든 사람을 용서하실 것이라고 믿습니다.

사람들 생각에는 만인구원론을 믿는 것이 더 그럴듯하게 여겨질 수도 있습니다. 하지만 성경은 그렇게 가르치지 않습니다. 모든 사람은 아담의 죄 안에 있거나, 아니면 그리스도의 의 안에 있습니다. 그리스도 안에 있는지, 아담 안에 있는지에 따라 그 사람의 영원한 운명이 결정되는 것입니다.

아이들에게 하나님은 그 누구도 필요로 하는 분이 아니시며, 단지 은혜와 인자함을 베푸셔서 몇 사람을 구하기로 정하시고, 그들을 자신의 아들과 딸로 삼으신 것이라고 가르치십시오.

문27 | 모든 사람이 아담으로 타락한 것처럼 모든 사람이 그리스도를 통해 구원을 받니까?

Notes

하나님이 모든 사람을 구원하시는 것은 아닙니다. 다만 하나님은 구원받을 자를 선택하시는 것입니다. 모든 사람이 아담 안에서 태어나지만, 그 후에 어떤 사람은 그리스도 안에서 다시 태어납니다. 이는 스포츠 팀을 고르는 것과 같지 않다고 아이들에게 재차 강조하십시오! 스포츠 팀에서 뛰는 선수는 자신의 운동 능력 때문에 뽑힌 것입니다.

하나님은 사람이 태어나기도 전에 누구를 구원할지 정하십니다. 따라서 하나님께 선택되어 그리스도 안에 있다는 것은 우리가 얼마나 선한지, 얼마나 멋있는지와 전혀 관계가 없습니다. 오히려 하나님이 얼마나 선하시고 인자하신지와 관련이 있습니다.

에베소서 1장 3-12절을 읽으십시오. 아이들이 말씀을 함께 읽을 수 있도록 성경을 준비하십시오.

아이들에게 **"예정하다"**는 단어가 어떤 의미인지 물어보십시오. 이는 무언가를 미리 결정한다는 의미입니다. 이 구절에서 우리는 하나님이 세상을 창조하시기도 전에 이미 입양할 자를 예정하셨다는 사실을 알게 됩니다.

아이들에게 6절을 보여 주면서, 왜 하나님은 누가 가장 좋은 녀석인지를 보시지도 않고, 태어나기 전에 자신의 자녀들을 예정하시는지 그 이유를 생각해 보라고 하십시오. "그의 은혜의 영광을 찬송하게 하려는 것"이라는 구절에서 그 의미를 찾아보십시오. 은혜란 "받을 자격 없는 호의"를 의미합니다. 만약 하나님이 받을 자격이 있는 자들에게 호의를 베풀기로 하셨다면, 우리는 은혜 받은 사람이 될 수 없습니다.

에베소서는 바울이 실제로 에베소 도시에 사는 사람들에게 쓴 편지입니다. 바울은 자신의 편지를 읽는 모든 사람이 하나님께 선택받았다고 생각하는 것처럼 보입니다. 바울이 왜 그렇게 생각할까요? 이는 모든 사람이 하나님께 선택을 받았기 때문은 아닙니다. 바울은 자신이 구원을 받기 위해 그리스도를 믿은 자들에게 편지를 쓰고 있다는 것을 알고 있었습니다. 그리스도를 믿는 자는 자신이 하나님께 선택받아 그분의 자녀로 입양되었음을 알 수 있습니다.

아이들이 문27와 답을 기억하도록 도우면서 수업을 마치십시오.

이 내용은 단순히 수업 지도를 위한 것입니다. 가르치는 아이들과 상황에 따라 이 내용을 확장하거나 수정하십시오. 여러분의 말로 여러분의 이야기를 쓰십시오. 그리고 아이들에게 적절하게 응용할 만한 예화나 적용을 추가하십시오.

Notes

활동

*"문27 삽화 A, B, C"(자료집)*를 준비하십시오.

아이들에게 종교개혁가 장 칼뱅(1509-1564)을 소개하십시오. 시작할 때는 사진만 보여 주고, 그 사진에 있는 사람이 누구인지 맞혀 보도록 하십시오.

칼뱅에 대한 몇 가지 사실
- 그는 509년 전 프랑스에서 태어났습니다.
- 그는 법률가였습니다.
- 그는 후에 신학자, 목회자, 종교개혁가가 되었습니다.

아이들이 맞히지 못했을 때, 아이들에게 이 사람이 장 칼뱅이며, 기독교 역사에 매우 중요한 인물이라고 말해 주십시오. 그는 종교개혁가로 알려져 있습니다. 종교개혁가란 교회가 성경에 있는 사실을 정확하게 가르치기를 바라는 자입니다. 아이들에게 칼뱅은 성경을 연구하여, 하나님이 사람을 고르거나 선택한다는 개념을 설명한 인물이라고 말해 주십시오.

그러면 이제 하나님이 사람을 선택한다고 처음 가르친 사람이 칼뱅이라고 생각하는지 아이들에게 물어보십시오. 그러고 나서 아우구스티누스의 사진을 보여 주십시오. 이 사람은 장 칼뱅보다 훨씬 전에 살았던 사람이라고 말해 주십시오. 그의 이름은 히포의 아우구스티누스입니다.

아우구스티누스에 대한 몇 가지 사실
- 그는 북아프리카의 히포라는 지역에 살았습니다.
- 그는 354년에 태어났습니다. 예수님보다 단지 3세기 후에 살았던 인물입니다!
- 그는 오랫동안 하나님을 믿지 않았습니다. 그러다가 삼십 대에 예수님을 영접하여 목회자가 되었습니다. 그는 많은 책을 썼는데, 그중에는 자신의 자서전도 있습니다.

아우구스티누스는 불과 예수님이 사시던 때로부터 3세기 후 태어났고, 장 칼뱅보다 훨씬 오래전에 살았던 사람으로, 하나님은 구원하실 자를 선택하신다고 가르쳤습니다. 그러면 아이들에게 이렇게 가르친 첫 번째 사람이 아우구스티누스라고 생각하는지 물어보십시오.

아이들에게 사도 바울의 사진을 보여 주십시오. 사도 바울이 어떻게 생겼는지 정확히 알지 못합니다. 하지만 그는 예수님과 동시대에 살았던 인물로, 아우구스티누스나 장 칼뱅보다 훨씬 전에 활동한 사람입니다! 아이들에게 사도 바울이 하나님은 구원받을 자를 선택하신다고 가르쳤다는 사실을 말해 주십시오. 그리고 이번 문답에서 공부한 성경 구절을 상기시키십시오. 이들은 하나님의 선택을 가르친 수많은 사람 중 일부일 뿐입니다.

아이들에게 바울이 선택 교리를 처음으로 가

문27 | 모든 사람이 아담으로 타락한 것처럼 모든 사람이 그리스도를 통해 구원을 받습니까?

르쳤다고 생각하는지 물어보십시오. 선택은 성경 전체에서 가르치는 내용입니다. 하나님이 아브라함을 선택하신 구약에서 시작합니다.

Notes

🕔 토론과 질문

아이들은 다음과 같은 질문을 할 수도 있습니다.

? 그리스도를 통해 구원받지 못한 자들은 어떻게 되나요?

문28이 이 질문에 대해 더욱 자세하게 설명해 줄 것입니다. 그리스도를 통해 구원받지 못하는 자들은 자신의 죄로 인해 하나님의 거룩한 임재에서 영원히 분리될 것입니다.

? 내가 선택받은 사람인지 어떻게 알 수 있나요?

하나님을 믿고 예수님을 구속자로 신뢰한다면 자신이 선택받았다고 확신할 수 있습니다. 요한복음 6장 37절을 읽어 보십시오. "아버지께서 내게 주시는 자는 다 내게로 올 것이요 내게 오는 자는 내가 결코 내쫓지 아니하리라." 예수님을 믿고 신뢰하는 모든 사람은 자신이 하나님께 선택받았음을 알 수 있습니다.

? 하나님이 이미 선택받은 자를 다 정해 놓으셨다면, 왜 우리가 굳이 사람들에게 예수님에 대해 전해야 하나요?

사람들이 복음에 반응하려면 예수님에 대해서 들어야만 합니다. 하나님은 자신을 아는 자들을 사자로 사용하셔서 다른 이들에게 좋은 소식을 전하여, 선택받은 자들이 자신에게 나아오도록 하십니다. 성경은 믿는 자들에게 좋은 소식을 전할 것을 명합니다. 따라서 우리는 기쁘게 그 명령에 순종해야만 합니다.

다음 질문을 통해 아이들이 자신의 삶을, 그리고 이 교리문답이 각자에게 어떻게 영향을 줄지를 생각하도록 도와주십시오.

- 하나님이 구원받을 자를 선택하셨다는 사실을 알면 실제로 어떻게 위안이 되나요?
- 이 사실을 알고 난 후에, 다른 사람들에게 예수님에 대해 전하려는 마음이 더 생겼나요?
- 하나님이 은혜로 사람을 구원하셨음을 알고 난 후에, 하나님을 찬양하는 마음이 생겨났나요?

Notes

🕙 덕목 찾기
아이들에게 사인펜과 종이를 나눠 주십시오.

감사
아이들에게 이번 문답의 내용을 통해 감사함을 느낀 것이 있는지 물어보십시오. 왜 우리에게 특별한 것이 있어서 선택받은 것은 아니라는 사실 때문에 더욱 감사하게 되나요?

아이들을 독려하여 자신을 선택하여 가족으로 입양하신 하나님께 감사 편지를 쓰도록 하십시오.

🕙 암송 활동
암송 구절 또는 교리문답을 프린트하여 단어별로 자르십시오. 단어를 교실 구석구석에 숨기십시오.

아이들에게 단어를 찾아서 바른 순서로 배열하라고 하십시오. 아이들과 함께 암송 구절을 몇 차례 읽습니다.

🕔 마치는 기도
아이들에게 하나님께 쓴 감사 편지를 큰 목소리로 읽게 합니다.

문28

믿음으로 그리스도와 연합하지 않은 자들은 죽은 후에 어떻게 됩니까?

답

그들은 하나님의 임재에서 쫓겨나
지옥으로 떨어지고,
공정한 형벌을 영원히 받을 것입니다.

핵심 개념
믿음으로 그리스도와 연합하지 않은 자들에게 임할 분명한 실제는 영원한 분리와 형벌이다.

목적
믿음으로 그리스도와 연합하지 않은 자들은 영원히 멸망할 것임을 아이들이 이해하도록 돕는다.

성경 본문
요한복음 3장 16-18, 36절

암송 구절
"하나님이 세상을 이처럼 사랑하사 독생자를 주셨으니 이는 그를 믿는 자마다 멸망하지 않고 영생을 얻게 하려 하심이라"(요 3:16).

핵심 덕목
정직

기억하십시오

이번 문답의 주제는 아이들과 나누기 쉽지 않은 내용입니다. 따라서 이번 문답은 하나님의 말씀을 분명히 전하겠다는 마음으로 가르쳐야 합니다. 그럼에도 지옥의 교리는, 특별히 전하기 불편한 주제임을 의식하십시오. 하지만 인도자는 이를 분명히 가르쳐야만 합니다. 영원이 여기에 달려 있고, 아이들에게 성경이 가르치는 바를 똑바로 가르치지 못한다면, 아이들은 자신을 둘러싼 문화가 말하는 바에 굴복하고 말 것이기 때문입니다.

많은 사람이 이 주제는 아이들에게 가르치기 어렵다며 피합니다. 그리고 아이들이 어느 정도 나이가 될 때까지는 이 주제를 다루지 않는 편을 선호합니다. 그렇지만 이는 큰 실수입니다. 그리스도와 연합하지 않은 자들에게 어떤 일이 발생하는지를 이해하지 못한 아이들은, 구원을 베푸시는 하나님의 은혜로 인한 영광스러운 복음을 시시한 것으로 받아들이기 때문입니다. 아이들은 자신들이 어디로부터 구원받았는지, 그리고 무엇을 위해 구원받았는지를 명확하게 이해해야만 합니다.

수업을 계획하고 가르칠 때 기억할 것들

- 아이들은 이 문답의 내용을 두려워할 수도 있습니다. 어려운 진리를 가르치기 때문에 사용하는 언어와 어조에도 주의하십시오.
- 몇몇 아이는 이 문답에 직접적인 영향을 받을 수도 있습니다. 특히 그리스도인이 아닌 가족이나 친구가 있는 경우에 그렇습니다.
- 아이들이 다른 친구들에게 절실하면서도 온유하게 복음 메시지를 잘 전달할 수 있는 방법을 곰곰이 생각해 보도록 도와주십시오.
- 아이뿐 아니라 어른도 이 교리로 씨름합니다. 혹시 인도자도 이 교리 때문에 힘들어하고 있다면, 시간을 내서 「뉴시티 교리문답 해설」(죠이북스)에서 문28에 관한 해설을 찬찬히 살펴보십시오.
- 인도자는 자신이 정한 시간 계획에 맞추어 이 문답에 있는 활동을 섞거나 수정할 수 있습니다(학습 계획을 예시한 13쪽을 참조하십시오). 그 요소들을 모두 할 시간이 없을지도 모릅니다. 여러분이 가르치는 아이들의 강점과 약점에 따라 각 활동을 자유롭게 응용하십시오.

기도하십시오

사랑이 많으신 하나님, 놀라운 사랑으로 보배로운 아들을 보내셔서, 십자가에서 저를 대신하여 죽게 하심을 감사합니다. 하나님과 연합하게 하시고, 구원받은 것을 확신하고 즐거워하며 하나님의 임재 가운데 영원을 바라보게 하심을 찬양합니다. 이번 문답을 듣는 아이들에게 이해하는 마음을 주십시오. 하나님과 분리되어 멸망당하는 것이 얼마나 끔찍한 일인

문28 | 믿음으로 그리스도와 연합하지 않은 자들은 죽은 후에 어떻게 됩니까?

Notes

지를 알고 놀라게 하소서. 하지만 불필요한 두려움에 빠지거나 지나치게 염려하지는 않게 해주십시오. 이번 문답을 통해 아이들이 구원을 베푸시는 하나님의 능력에 위대한 확신을 지니게 해주십시오. 예수님의 이름으로 기도합니다. 아멘.

준비하십시오
- 화이트 보드와 펜
- 지옥을 묘사하는 그림(예 : 마인크래프트의 네더, 〈심슨 가족〉에 묘사된 지옥, 「단테의 신곡」 지옥편에 나오는 지옥 계층도)
- "문28 암호 해독"(자료집), 아이 수만큼
- 연필
- 무지 직소 퍼즐
- 마커펜

⑤ 교리문답 정리

화이트 보드와 펜 두 개, 그리고 프린트한 교리문답을 준비하십시오.

아이들을 두 팀으로 나눠 화이트 보드를 마주 보도록 줄을 세우십시오. 아이들에게 이번 활동은 얼굴을 마주보며 할 것이라고 말해 주십시오. 아이들을 둘씩 짝지어 주시고 화이트 보드로 나오게 하십시오. 각 팀에서 첫 번째 아이들이 나왔으면, 두 번째 아이들도 계속 짝을 지어 나오게 하십시오.

아이들에게 교리문답을 읽어 주십시오. 화이트 보드에 그 질문의 번호를 먼저 쓰는 사람이 점수를 얻게 된다고 말해 주십시오. 답을 말할 수 있는 기회도 주십시오. 답을 맞히면, 또 점수를 얻습니다. 만약 기억이 나지 않으면, 다른 팀의 친구에게 기회를 주도록 하십시오. 차례대로 아이들이 교리문답 질문의 숫자와 답변을 다 맞힐 때까지 진행하십시오.

⑤ 문28 소개

지옥을 묘사한 그림을 준비하십시오.

아이들에게 지옥을 묘사한 여러 그림을 보여 주십시오.

- 마인크래프트의 네더
- 〈심슨 가족〉에 묘사된 지옥
- 「단테의 신곡」 지옥편에 나오는 지옥 계층도

아이들에게 이 세상의 많은 사람이 하나님

Notes

과 성경을 진지하게 받아들이지 않는다고 설명하십시오. 사람들이 그렇게 반응하는 이유는, 슬프게도 하나님과 분리된 삶의 실상을 제대로 이해하지 못하기 때문이라고 말해 주십시오. 그들은 성경보다 만화를 통해서 지옥에 대한 개념을 세웁니다.

문28을 읽어 주십시오. "믿음으로 그리스도와 연합하지 않은 자들은 죽은 후에 어떻게 됩니까?" 그리스도 안에 있는 자와, 복음을 믿지 않아 아담 안에 있는 자는 죽음 후에 서로 전혀 다른 경험을 하게 될 것입니다. 아이들에게 이번 문답을 통해 믿음으로 그리스도와 연합하지 않은 자들에게 있을 운명을 깊이 생각해 보게 될 것이라고 말해 주십시오.

활동

아이들에게 "문28 암호 해독"(자료집)을 복사하여 나눠 줍니다.

아이들에게 예수님이 자신과 연합하지 않은 자들의 운명에 대해서 말씀하신 핵심 구절들을 해독해 보도록 합니다. 마무리가 되면 세 명의 친구들에게 다음 세 구절을 읽게 하십시오. 해답은 다음과 같습니다.

- "몸은 죽여도 영혼은 능히 죽이지 못하는 자들을 두려워하지 말고 오직 몸과 영혼을 능히 지옥에 멸하실 수 있는 이를 두려워하라"(마 10:28).
- "그 나라의 본 자손들은 바깥 어두운 데 쫓겨나 거기서 울며 이를 갈게 되리라"(마 8:12).
- "임금이 사환들에게 말하되 그 손발을 묶어 바깥 어두운 데에 내던지라 거기서 슬피 울며 이를 갈게 되리라 하니라"(마 22:13).

아이들에게 하나님과 분리된 삶이 어떠한지를 알려면 이 세상을 보는 것이 아니라, 예수님을 찾고 성경에 나오는 예수님의 말씀을 봐야 한다고 설명하십시오. 아이들이 각 구절을 읽고 예수님이 지옥이라고 하는 장소가 있다고 말씀하셨으며, 그곳은 그리스도와 연합하지 않은 자들이 가는 곳이라고 가르치셨음을 직접 보게 하십시오.

수업 개요

수업을 시작하면서 하나님께 도움을 구하십시오. 자신이 이번 문답을 신실하게 가르치게 해 달라고, 아이들이 잘 듣게 해달라고 간구하십시오.

요한복음 3장 16-18, 36절을 읽으십시오. 아이들이 말씀을 함께 읽을 수 있도록 성경을

문28 | 믿음으로 그리스도와 연합하지 않은 자들은 죽은 후에 어떻게 됩니까?

준비하십시오.

아이들에게 이 말씀을 보면서 수업을 시작해 보자고 하십시오. 이 구절이 하나님에 대해 어떻게 가르치고 있는지 잘 생각해 보도록 하십시오. 아이들에게서 다음과 같은 요점을 이끌어 내도록 하십시오.

- 하나님은 사랑이 많으십니다.
- 하나님은 이 세상을 사랑하셔서 자신의 소중한 아들을 보내 십자가에서 죽임을 당하게 하셨습니다.
- 하나님은 자기 백성에게 영생을 주십니다.

아이들에게 이 구절이 예수님을 믿지 않는 자들, 즉 믿음으로 그리스도와 연합하지 않은 자들에게 어떤 일이 있을 것이라고 말하는지 물어보십시오.

- 16절은 그리스도와 연합하지 않은 모든 자가 멸망한다고 말하고 있습니다.
- 18절은 멸망할 자들이 정죄를 받은 자들이라고 말하고 있습니다. 그들은 하나님께 죄를 저질렀고, 반역했고, 하나님의 법을 거절했기 때문에 정죄를 받습니다. 그래서 하나님께 심판을 받고 하나님의 공정한 형벌을 받습니다.

성경에서 말하는 **멸망**이라는 단어는, 존재하지 않는다는 뜻이 아닙니다. 이 단어는 하나님과 영원히 분리되어 존재한다는 뜻입니다.

많은 사람이 하나님이 계시지 않은 것처럼 살아갑니다. 그들은 하나님을 무시하고 하나님이 이 땅의 모든 사람에게 공급하시는 많은 축복을 인정하지 않습니다. 그들은 하나님의 임재와 은혜가 그들에게 복을 주며, 하나님이 악을 억제하시고 제지하신다는 사실을 알지 못합니다.

하나님이 계시지 않은 것처럼 살아가는 사람들은 영원히 하나님과 분리될 것입니다. 지옥의 가장 큰 특징은 불꽃이나 악마가 아닙니다. 그것은 바로 하나님과 분리됨입니다. 우리는 하나님과 분리되는 것이 어떠한 것인지 도저히 상상할 수조차 없습니다. 하지만 누군가에게 일어날 수 있는 끔찍한 일임은 분명합니다.

아이들에게 지옥이 정말 존재하는 장소라는 점을 강조하면서 수업을 마무리하십시오! 사람들이 지옥의 모습을 여러 가지 시각적인 형태로 묘사하기도 하지만, 아무도 그 모습이 어떠한지 진짜 알지는 못합니다. 하나님은 사람들이 멸망하는 것을 원하지 않으신다는 점을 아이들에게 다시 새겨 주십시오(벧후 3:9). 그렇기 때문에 하나님은 우리를 구원하기 위해 아들을 보내신 것입니다.

아이들이 문28과 답을 기억하도록 도우면서 수업을 마치십시오.

이 내용은 단순히 수업 지도를 위한 것입니다. 가르치는 아이들과 상황에 따라 이 내용을 확장하거나 수정하십시오. 여러분의 말로 여러분의 이야기를 쓰십시오. 그리고 아이들에

Notes

Notes

게 적절하게 응용할 만한 예화나 적용을 추가하십시오.

🕙 활동

아이들이 성경책에서 누가복음 16장 19-31절을 펼쳐 보도록 하십시오.

부자와 나사로의 비유를 아이들에게 읽어 주십시오. 아이들을 팀으로 나눠 이 이야기를 짧은 연극 형식으로 만들어 보도록 하십시오.

아이들에게 예수님이 가르치신 이 비유에서 어떤 것을 발견했는지 물어보십시오.

- 천국과 지옥은 실재하는 곳이다.
- 천국과 지옥 사이를 오고 가는 것은 불가능하다.

아이들이 각자 준비한 연극을 보여 주도록 하십시오.

🕔 토론과 질문

아이들은 다음과 같은 질문을 할 수도 있습니다.

? 제가 천국에 가는지는 어떻게 알 수 있나요?

하나님을 믿고, 예수님을 구속하시는 분으로 신뢰한다면 아무것도 두려워할 필요가 없습니다. 하나님은 자신의 자녀들을 버려두지 않으십니다.

? 예수님에 대해서 한 번도 들어볼 기회가 없던 사람은 어떻게 되나요?

이 질문은 매우 좋은 질문입니다. 생각해 볼 내용이 굉장히 많은 질문입니다. 첫 번째, 하나님은 공정하고 공평하신 분입니다.

하나님은 그 어느 것도 잘못하지 않으십니다. 따라서 우리는 모든 사람의 구원에 관해서도 하나님이 바른 결정을 내리실 것이라고 신뢰할 수 있습니다. 두 번째, 비록 성경은 하나님과 예수님에 대해서 배울 수 있는 가장 중요한 수단이 하나님의 말씀이라고 전하지만, 창조 세계 역시 하나님의 실재와 존재를 드러냅니다. 마지막으로, 하나님은 인자하셔서 그리스도인들에게 나가서 예수님에 대한 좋은 소식을 널리 전할 수 있도록 시간을 주셨습니다.

? 사람들이 멸망하기를 원하지 않으신다면, 하나님은 왜 모든 사람을 선택하지 않으셨나요?

문28 | 믿음으로 그리스도와 연합하지 않은 자들은 죽은 후에 어떻게 됩니까?

이 질문도 좋은 질문입니다. 하지만 우리로서는 답을 알 수 없는 질문이기도 합니다. 성경은 분명히 하나님이 공의로우시며 사랑이 많으신 분이라고 가르칩니다. 우리에게는 하나님이 모든 사람을 선택하시는 편이 좋아 보일지 모르지만, 하나님의 방법은 언제나 우리의 방법보다 높으며 우리는 그분의 목적을 절대로 온전히 이해할 수 없습니다. 우리는 다만 하나님의 목적이 선하시고 언젠가 우리는 그 목적을 이해하게 될 것임을 신뢰해야 합니다.

다음 질문을 통해 아이들이 자신의 삶을, 그리고 이 교리문답이 각자에게 어떻게 영향을 줄지를 생각하도록 도와주십시오.

- 하나님은 선하시고, 신뢰할 만하며, 모든 것을 다스리시는 분임을 알게 되었나요?
- 예수님에 대해 듣지 못한 장소나 사람들에게 가서 전하는 것을 진지하게 생각해 보게 되었나요?

Notes

덕목 찾기

정직

아이들에게 하나님은 우리 모두가 정직하기를 바라신다고 알려 주십시오. 아이들은 거짓말하지 말라고 하신 아홉째 계명을 기억할 것입니다. 하나님은 우리가 **하나님께** 정직하기를 원하십니다. 아이들에게 하나님은 자기 백성이 정직한 것을 사랑하시고, 또 정직할 것을 요구하신다는 점을 강조하십시오. 하나님이 우리의 마음을 보시기 때문에 우리가 아무리 애를 써도 그분께는 어떤 것도 숨길 수 없다는 점을 아이들에게 아이들에게 새겨 주십시오.

아이들이 이번 문답에 비추어 볼 때, 하나님께 정직한 것이 어떤 것인지 생각해 보도록 하십시오.

시편 62편 8절은 이렇게 말합니다. "백성들아 시시로 그를 의지하고 그의 앞에 마음을 토하라 하나님은 우리의 피난처시로다." 만일 아이들 중 누군가가 오늘 수업으로 힘들어한다면, 아이들이 할 수 있는 최선은 정직하게 자신의 마음을 하나님께 쏟아 내는 것이라고 말해 주십시오. 아이들은 하나님이 두렵다고, 또는 이해되지 않는다고 말할 수 있습니다. 또한 부모님과 교사에게도 이 문제에 관하여 정직하게 자신의 생각을 밝힐 수 있습니다.

Notes

암송 활동

암송 구절 또는 교리문답을 무지 직소 퍼즐에 적으십시오.

아이들에게 퍼즐 조각을 주고 암송 구절 또는 교리문답이 나오도록 맞추게 하십시오.

아이들에게 몇 차례 말씀을 읽어 주십시오. 천천히 퍼즐 조각을 제거하면서 아이들이 구절이나 문답을 기억하고 있는지 확인하십시오. 퍼즐이 다 없어질 때까지 조각을 제거해 나가십시오.

마치는 기도

아이들이 하나님의 위대한 사랑을 알고 신뢰하도록 기도하십시오. 아무도 멸망받지 않도록 예수님에 관해서 다른 사람들에게 전하려는 마음이 아이들 가운데 생겨나도록 기도하십시오.

문29

어떻게 해야
구원을 받을 수 있습니까?

답

오직 예수 그리스도와, 십자가에서 죽임 당하신 그리스도의 대속을 믿어야 구원을 받을 수 있습니다.

핵심 개념
오직 주 예수 그리스도를 믿는 믿음으로만 우리는 하나님께 받아 마땅한 형벌에서 구원받을 수 있다.

목적
아이들이 구원은 그리스도만을 통해서 오는 것임을 이해하고, 십자가에서 이루어진 예수님의 구원 사역에 확신을 갖도록 돕는다.

성경 본문
에베소서 2장 1-10절

암송 구절
"너희는 그 은혜에 의하여 믿음으로 말미암아 구원을 받았으니 이것은 너희에게서 난 것이 아니요 하나님의 선물이라 행위에서 난 것이 아니니 이는 누구든지 자랑하지 못하게 함이라"(엡 2:8-9).

핵심 덕목
신뢰

Notes

기억하십시오

21세기를 살고 있는 아이들은 다원주의 세계에서 성장하고 있습니다. 그들은 날마다 수없이 많은 신념에 둘러싸여 있습니다. 그리고 그러한 신념 중 대부분은 성경을 따르는 신앙에 도전하고 반박합니다. 아이들은 학교에서, 영화에서, 티비에서, 친구들 사이에서, 심지어 가정 내에서도 다원주의적인 세계관을 접합니다. 아이들은 하나님께 향하는 길이 많이 있으며, 구원받는 길은 다양하다는 시각을 인정해야 한다고 배웁니다. 오늘날 철학 사조는 이렇게 말합니다. 구원이 오직 그리스도를 통한 믿음으로만 가능하다고 **개인적으로** 믿는 것은 괜찮지만, 구원의 길을 배타적으로 주장해서는 안 된다고 말입니다. 하지만 그리스도인들은 구원이 오직 주 예수 그리스도, 그리고 그분이 십자가에서 대신 죽으셔서 이루신 대속 사역을 믿음으로만 가능하다고 믿습니다.

이번 문답의 목적은 아이들이 예수 그리스도 안에서 하나님의 은혜로 구원받는 것, 그리고 구원에 확신을 품는다는 것이 어떤 뜻인지 이해하도록 돕는 것입니다.

수업을 계획하고 가르칠 때 기억할 것들

- 아이들은 이미 복음에 친숙할 수도 있습니다. 그렇기 때문에 더욱 열정적으로 아이들이 마음을 열고 마음이 움직이도록 이번 문답을 가르쳐야 합니다. 이번 문답을 아이들에게 더욱 구체적이고 실제적으로 적용할 수 있도록 노력하십시오.
- 어려운 성경 말씀과 신학적 개념이 있으면 조심스럽지만 반드시 분명하게 설명해야 합니다.
- 인도자는 자신이 정한 시간 계획에 맞추어 이 문답에 있는 활동을 섞거나 수정할 수 있습니다(학습 계획을 예시한 13쪽을 참조하십시오). 그 요소들을 모두 할 시간이 없을지도 모릅니다. 여러분이 가르치는 아이들의 강점과 약점에 따라 각 활동을 자유롭게 응용하십시오.

기도하십시오

은혜로우신 하나님, 주 예수 그리스도의 죽음으로 저를 구원하여 주셔서 감사합니다. 저의 구원을 기뻐하게 하시고, 다음 세대에 담대하게 복음을 선포하게 해주십시오. 이번 문답을 배우는 아이들에게 이해하는 마음을 허락해주십시오. 그래서 아이들이 예수님을 구원자로 신뢰하며 기쁨과 확신을 누리게 하시고, 그들을 둘러싸고 있는 다원주의라는 세태에 도전할 수 있는 자로 겸손히 준비되게 해주십시오. 또한 길이요 진리요 생명이신 예수님을 다른 이들에게도 전하게 해주십시오. 예수님의 이름으로 기도합니다. 아멘.

문29 | 어떻게 해야 구원을 받을 수 있습니까?

준비하십시오

- 탁구공
- 가방 또는 상자
- 2010년 8월 산호세 광산이 무너진 사건 사진
- 매직펜
- "문29 내가 누구게? 힌트"(자료집)
- 큰 종이
- 빨간색 판지를 잘라서 만든 커다란 하트 모양. 두 명당 하나씩
- 종이로 만든 큰 십자가
- 하얀색 판지를 잘라서 만든 커다랑 하트 모양, 두 명당 하나씩
- 색인 카드

Notes

교리문답 정리

1-28번까지 탁구공에 숫자를 써서, 큰 가방이나 상자에 담으십시오. 여유가 된다면, 케이지 빙고나 빙고 블로워를 구입하거나 직접 만드십시오. 더 재미있을 것입니다.

아이들을 두 팀으로 나누고, 앞서 배운 교리문답의 질문들을 잘 기억하도록 도와줄 퀴즈를 낼 것이라고 설명하십시오. 각 팀에서 상대팀의 탁구공을 뽑도록 하십시오. 상대편이 그 숫자에 해당하는 교리문답을 정확히 기억하면 2점을 얻습니다. 점수를 많이 얻은 팀이 우승합니다!

문29 소개

먼저 2010년 8월, 산호세 광산이 무너지면서 칠레의 광부들이 69일 동안 지하에 갇혀 있던 이야기를 잘 파악해 두십시오. 그리고 사고 현장, 광산의 모습, 구출된 사람들의 사진을 프린트하십시오.

아이들에게 끔찍한 일에서 구원받은 경험이 있는지 물어보십시오. 아직은 곧바로 복음으로 넘어가지 마시고, 현실에 기반을 둔 질문을 하십시오. 아마도 아이들은 다음과 같은 상황에서 구원받았을 것입니다.

- 쇼핑몰에서 부모님을 잃어버렸어요.
- 달리는 차 앞으로 뛰어 나갔어요.
- 난간에서 떨어져 다리가 부러질 뻔했어요.

다음과 같이 물어보십시오. "그 상황을 모면했을 때 어떤 느낌이었나요? 사람들이 구출됐다는 이야기를 들어본 적이 있나요?" 아이들이 대답을 다 하고 나면, 칠레 광부들의 이야기를 들려 주십시오.

그리고 다음과 같이 물어보십시오. "누가 구출했습니까? 그들은 어떤 사람이었을 것 같습

Notes

니까? 그들은 용감했을까요? 아니면 강했을까요? 왜 그들은 다른 사람을 구출하려고 했을까요?"

문29를 읽어 주십시오. "어떻게 해야 구원을 받을 수 있습니까?" 앞서 질문에 대답한 아이들을 칭찬해 주십시오. 모든 사람이 구원을 받아야 한다는 사실을 새겨 주십시오. 하지만 그저 화재, 물에 빠진 것, 차 사고에서 구원받는 것이 아니라, 하나님께 대적해서 죄를 저지른 모든 이에게 예정된 하나님의 형벌로부터 구원을 받아야 한다고 강조하십시오.

활동

"문29 내가 누구게? 힌트"(자료집)를 준비하십시오. 아이들에게 이 힌트가 설명하고 있는 사람이 누구인지 물어보십시오.

단계에 맞춰 힌트를 읽어 주십시오. 그리고 생명을 구하는 이 직업이 무엇인지 맞힐 때까지 몇 개의 힌트가 필요했는지를 확인하십시오. 예를 들면, 다음과 같은 힌트입니다.

- 나는 다른 사람들과 함께 팀으로 일합니다.
- 나는 손을 자주 씻습니다.
- 나는 사람들을 구하기 위해 종종 메스를 사용하기도 합니다.
- 많은 피를 보기도 합니다.
- 간호사가 나와 함께 일합니다.
- 나는 **외과 전문의**입니다!

수업 개요

아이들에게 커다란 빨간 하트 모양 종이를 하나씩 나눠 주십시오. 교실 앞에 종이로 만든 커다란 십자가를 세우고 매직펜을 나눠 주십시오.

수업을 시작하면서 하나님께 도움을 구하십시오. 자신이 이번 문답을 신실하게 가르치게 해 달라고, 아이들이 잘 듣게 해달라고 간구하십시오.

칠레 광부들의 이야기에서 정말로 구원자를 필요로 하는 사람이 어떠한 사람인지 알 수 있었다고 말해 주십시오. 그 광부들은 구원을 받아야 했습니다. 그들은 무력했고, 스스로를 구원할 수 없었습니다.

하지만 불타는 건물이나 무너진 탄광에 갇힌 사람들만 구원받아야 하는 것은 아닙니다. 그렇기 때문에 "어떻게 해야 구원을 받을 수 있습니까?"라는 질문이 중요한 것입니다! 성경은 모든 사람이 구원을 받아야 한다고 분명히 가르칩니다.

이 땅에서 살았던 사람들과 앞으로 살아갈 모든 사람은 형벌과 사망을 당하게 됩니다. 모든 사람이 하나님께 불순종했기 때문입니다. 아이들도 그 범주에 들어간다는 점을 강조하십시오. 아이들에게 이 운명에서 구원받기 위해 스스로 할 수 있는 일은 아무것도 없다고 말해 주십시오.

죄가 무엇인지(문16), 그리고 모든 사람에게 죄의 결과가 어떻게 나타나는지를 간단하게 말해 주십시오. 이 현실을 두려워하는 친구들이 있는지 세심하게 살피십시오. 또한 예전에 이러한 내용을 다 들었기 때문에 모든 것을 알고 있는 것처럼 행동하는 아이들도 잘 참여할 수 있게 할 방법을 찾으십시오. 교회에 온 지 얼마 되지 않은 친구나 처음으로 교회에 방문한 친구들에게 죄에 대해서 더욱 자세하게 설명해 줄 수 있도록 준비하십시오.

바울이 에베소에 있는 그리스도인들에게 보낸 편지에서 이와 관련된 내용을 아이들에게 좀 더 읽어 주십시오.

에베소서 2장 1-3절을 읽으십시오. 아이들이 말씀을 함께 읽을 수 있도록 성경을 준비하십시오.

이 성경 구절은 구주가 없는 자들을 "죄와 허물로 죽었던" 자로 묘사하고 있습니다. 이는 지금까지 살았던, 살고 있는, 앞으로 살아갈 모든 사람에게 적용되는 두려운 말씀입니다. 겉으로는 살아 있고 숨을 쉬는 사람들을 두고 왜 죽은 자라고 하는지를 아이들이 이해할 수 있도록 도와주십시오. 하나님께 죄를 저지르는 자들은 영적으로 죽은 자들입니다. 그들은 하나님과 아무런 관계가 없습니다. 그들의 죄가 그들을 하나님과 분리시켰고, 그렇기 때문에 절대로 하나님을 기쁘시게 하는 일을 할 수 없습니다.

우리를 이 끔찍한 궁지에서 구원하기 위해서는 구주가 필요합니다.

이 구절에서 바울은 모든 사람을 **죄인**으로 규명하고 있습니다. 죄인이란 하나님의 통치를 거부하고 하나님의 법을 따라 살지 않는 자들을 뜻합니다.

아이들에게 종이 하트에 자신이 저지른 죄를 기록하게 하십시오. 자신들이 죄가 없다고 믿는 학생들에게는 온유하게 권하여, 어떤 면에서 하나님께 순종하지 못했는지를 스스로 살피게 하십시오. 인도자의 간증을 나누어도 좋습니다. 특별히 자신은 죄인이며, 죄와 허물로 죽었던 자이며, 하나님께 형벌을 받아 마땅한 자라는 사실을 어떻게 깨닫게 되었는지를 강조하십시오. 하트를 반으로 접어 다른 사람이 안에 있는 내용을 보지 못하게 하십시오.

에베소서 2장 4-10을 읽으십시오.

이 구절은 참으로 놀라운 말씀입니다. 하나님이 이 세상을 몹시 사랑하셔서 독생자를 보내어, 자신들의 죄로 인해 죽은 자들을 구원하시고 그들을 죽음에서 생명으로 건져 내셨다고 설명하기 때문입니다.

예수님은 놀라운 구주십니다! 예수님은 우리에게 구원을 베푸시는 유일한 분입니다.

하나님은 의로우시기 때문에 죄를 지은 모

Notes

든 자를 벌하여야만 하십니다. 그렇기 때문에 예수님이 죄인들의 자리를 대신하셔서 그들이 당할 형벌을 직접 담당하신 것입니다. 예수님은 완벽하고, 죄 없는 삶을 살아가신 유일한 사람입니다. 그분은 형벌과 사망을 당하지 않으셔도 되는 유일한 분이었습니다. 그분은 하나님께 순종하지 않은 적이 전혀 없으시기 때문입니다. 아이들에게 예수님이 십자가에 돌아가시면서 죄의 형벌을 대신 받으셨다고 강조하십시오.

예수님은 사람들이 하나님 앞에 살아갈 수 있도록 하기 위해 필요한 모든 대가를 치르셨습니다. 이는 인류 역사상 가장 위대한 맞바꿈입니다. 하나님은 회개하는 죄인의 죄를 취하셔서 예수님께 두신 것입니다. 그리고 예수님의 완벽한 의로움을 취하셔서 그분을 믿는 모든 이에게 전가하셨습니다.

아이들에게 죄로 물든 종이 하트는 십자가 아래에 내려 두고, 깨끗하고 흠이 없는 하얀 종이 하트를 가져가라고 하십시오. 주 예수님께 믿음을 두고 죄를 고백하면, 예수님이 깨끗한 마음을 주신다고 설명하십시오. 성경은 예수님을 신뢰하지 않는 사람들은 죽은 사람으로 묘사하며, 예수님을 신뢰하는 사람들은 살아 있는 사람으로 설명한다는 점을 상기시키십시오. 살아 있는 자들은 예수님의 마음을 이식받았습니다. 좋은 소식이란, 살아 있는 자들 즉 예수님이 자신들의 불순종과 죄를 해결해 주신다고 신뢰하는 자들이 하나님과 영원한 관계를 누리게 된다는 것입니다.

새로운 생명은 하나님께 값없이 받은 선물입니다. 성경은 이를 **구원의 은혜**라고 말합니다. 회개하고 예수님을 믿는 것 외에 우리가 구원을 받기 위해 해야 할 일은 전혀 없습니다. 오직 예수님이 죽은 자 가운데서 부활하심으로 우리의 영생을 보장합니다.

아이들이 문29와 답을 기억하도록 도우면서 수업을 마치십시오.

이 내용은 단순히 수업 지도를 위한 것입니다. 가르치는 아이들과 상황에 따라 이 내용을 확장하거나 수정하십시오. 여러분의 말로 여러분의 이야기를 쓰십시오. 그리고 아이들에게 적절하게 응용할 만한 예화나 적용을 추가하십시오.

활동

아이들을 몇 팀으로 나누어 성 금요일에 갈보리 십자가에서 어떤 일이 있었는지, 그리고 그 일이 왜 있었어야만 했는지를 뉴스 리포터처럼 설명해 보게 하십시오. 다음 단어를 반드시 포함시키십시오.

문29 | 어떻게 해야 구원을 받을 수 있습니까?

Notes

| 죽음 | 부활 | 맞바꿈 | 선물 | 구원받음 |

토론과 질문

아이들은 다음과 같은 질문을 할 수도 있습니다.

? 회개하고 예수님을 믿지 않는 사람들은 어떻게 되나요?

성경은 죄 가운데 죽어 있는 자들은 하나님의 형벌을 당하고, 영원히 하나님의 임재로부터 분리된다고 가르치고 있습니다(요 3:36). 이 사실이 몇몇 이에게는 두려운 것일 수도 있습니다.

? 우리는 구원받았다는 것을 어떻게 확신할 수 있나요?

자신의 죄를 해결해 달라고 구했으면, 그 순간 확실히 구원받습니다. 그리스도 안에서 살아 있는 자들은 하나님을 위해 살려는 열망을 품게 되고, 죄를 저지르지 않게 됩니다. 우리의 확신은 우리의 신앙이 얼마나 강력한지에 달려 있지 않습니다. 오직 예수님이 어떤 분인지에 달려 있습니다.

? 구원을 상실할 수 있나요?

예수님을 참으로 신뢰한 자는 절대로 구원을 잃어버리지 않습니다. 요한복음 6장 37절 말씀을 읽어 보십시오. "아버지께서 내게 주시는 자는 다 내게로 올 것이요 내게 오는 자는 내가 결코 내쫓지 아니하리라."

다음 질문을 통해 아이들이 자신의 삶을, 그리고 이 교리문답이 각자에게 어떻게 영향을 줄지를 생각하도록 도와주십시오.

- 죄를 회개하고 예수님을 믿었습니까?
- 어떤 사람에게 구원받는 다른 길이 있다는 말을 들을 때, 예를 들어 착하게 살기만 하면 구원받을 수 있다고 할 때 어떻게 반응할 것인가요?
- 이미 그리스도를 따르기로 결정했다면, 자기가 구원받았음을 안다는 것은 어떤 의미가 있나요?

덕목 찾기

신뢰

아이들에게 이번 문답을 시작한 순간으로 돌아가서 칠레 광부 이야기를 다시 생각해 보라고 하십시오.

Notes

광산에 갇힌 광부들은 자신들을 구출해 주려는 사람들을 신뢰하기로 어떻게 결정을 내릴 수 있었는지 물어보십시오.

마찬가지로 왜 사람들은 소방관이나 구급대원이 생명을 구해 줄 것이라고 생각하는지를 물어보십시오.

아이들에게 생명이 위험한 상황에서는 자신을 구하기 위해 준비되고 훈련된 사람들을 신뢰하게 된다고 설명하십시오. 다른 방법이 없을 때는 다른 이의 도움을 신뢰하기가 쉽습니다.

아이들에게 우리를 사망에서 구하기 위해서는 구주가 필요하다는 점을 상기시키십시오. 에베소서 2장 1-10절 말씀은 누가 신뢰할 만하고 구원할 수 있는 능력을 지닌 분이라고 밝히고 있는지 물어보십시오.

아이들에게 예수님을 신뢰할 만한 분으로 여기는지 물어보십시오. 예수님을 신뢰하는 문제에 관해서 아이들이 품고 있을지도 모르는 걱정을 직접 소리 내어 말해 보게 하십시오.

예수님은 우리를 구원하시고 사망에서 생명으로 인도하실 수 있는 유일한 분임을 아이들에게 새겨 주십시오.

🕙 암송 활동

암송 구절 또는 교리문답의 단어를 하나씩 색인 카드에 적으십시오. 팀마다 암송 구절이나 교리문답이 전부 적힌 카드 세트가 하나 필요합니다.

아이들을 몇 팀으로 나누십시오. 암송 구절 또는 교리문답을 아이들에게 크게 읽어 주십시오. 다시 읽어 줄 때는 아이들이 인도자를 따라 일부분을 읽게 하십시오. 그리고 또 다시 읽어 줄 때는 아이들이 전체 구절을 함께 따라 읽게 하십시오.

각 팀에 암송 구절 또는 교리문답 세트를 건네주십시오. 순서가 맞지 않게 준비하십시오! 아이들에게 단어를 바른 순서대로 놓도록 하십시오. 가장 먼저 완성하는 팀이 우승합니다! 마지막으로 암송 구절 또는 교리문답을 함께 암송해 보도록 연습하십시오.

🕔 마치는 기도

하나님의 은혜에 감사하십시오. 특별히 아이들이 예수님께서 완벽하게 보여 주신 그 은혜에 감사하게 하십시오.

문30

예수 그리스도를 믿는 믿음이란 무엇입니까?

답

복음이 말하는 대로 예수님만이 구원을 주시는 분임을 받아들이고 의지하는 것입니다.

핵심 개념
예수 그리스도를 믿는 믿음이란, 예수님이 하나님께서 약속하시고 말씀으로 계시하신 메시아임을 믿는 것이다. 믿음은 예수님을 전심으로 신뢰하고, 순종하고, 예배하려는 열망을 낳는다.

목적
아이들이 예수 그리스도를 믿는 믿음이란 그분을 구주이자 주님으로 신뢰하는 것이며, 예수님을 위하여만 살아가는 것임을 이해하도록 돕는다.

성경 본문
갈라디아서 2장 15-21절

암송 구절
"내가 그리스도와 함께 십자가에 못 박혔나니 그런즉 이제는 내가 사는 것이 아니요 오직 내 안에 그리스도께서 사시는 것이라 이제 내가 육체 가운데 사는 것은 나를 사랑하사 나를 위하여 자기 자신을 버리신 하나님의 아들을 믿는 믿음 안에서 사는 것이라"(갈 2:20).

핵심 덕목
신뢰

Notes

기억하십시오

많은 아이가 복음의 진리에 지적으로 동의는 하지만, 개인적으로는 자신을 예수 그리스도께 온전히 맡기지 않았을 수 있습니다. 즉 머리로는 알지만 지식이 마음까지 닿지 않았을 수도 있습니다. 복음을 믿는다고 말은 하면서도, 자기 자신 또는 다른 어떤 것을 예수님보다 신뢰하는 것입니다. 이번 문답은 아이들에게 전심으로 복음을 받아들이고, 믿음과 신뢰를 온전히 예수님께만 두도록 독려할 것입니다. 아이들은 실천하지 않고 믿기만 하는 것으로는 충분하지 않다는 점을 배울 것입니다. 그리고 주 예수 그리스도를 믿는 믿음으로 살아가는 삶이 과연 어떠한 것인지를 깊이 있게 생각하도록 도울 것입니다.

수업을 계획하고 가르칠 때 기억할 것들

- 믿음은 아이들에게 전하기 쉽지 않은 개념입니다! 아이들이 믿음은 하나님이 주신 선물이라는 점을 이해하도록 도와주십시오.
- 아이들에게 칭의는 믿음으로만 오는 것임을 확신시키십시오.
- 아이들은 믿음이라는 언어와는 친숙할지 모릅니다. 하지만 본인의 믿음이 무엇인지는 아직 깨닫지 못했을 수도 있습니다.
- 인도자는 자신이 정한 시간 계획에 맞추어 이 문답에 있는 활동을 섞거나 수정할 수 있습니다(학습 계획을 예시한 13쪽을 참조하십시오). 그 요소들을 모두 할 시간이 없을지도 모릅니다. 여러분이 가르치는 아이들의 강점과 약점에 따라 각 활동을 자유롭게 응용하십시오.

기도하십시오

구원을 베푸시는 하나님, 제가 예수님에 관한 진리를 듣고 이해하게 하심을 감사합니다. 또한 제 믿음이 하나님 한 분께만 있게 하심을 감사합니다. 저를 도우셔서 계속 주님을 의지하게 하소서. 이번 문답을 듣는 아이들에게 이해하는 마음을 주십시오. 그래서 아이들이 예수님 안에 있는 구원의 믿음을 알게 하옵소서. 예수님의 이름으로 기도합니다. 아멘.

준비하십시오

- "문30 교리문답 정리"(다운로드)
- 종이
- 매직펜
- 쓰레기통 또는 양동이
- 포장한 선물, 아이 수만큼
- 낙하산을 메고 뛰어내리거나 번지 점프를

문30 | 예수 그리스도를 믿는 믿음이란 무엇입니까?

하는 장면을 담은 영상
• 풀
• 가위
• 잘라서 사용할 잡지
• 암호로 된 암송 구절 또는 교리문답. 아이 수만큼

Notes

⏱ 교리문답 정리

종이와 매직펜을 준비하십시오. 쓰레기통 또는 양동이도 준비하십시오. "문30 교리문답 정리"(다운로드)를 프린트해서 자르고, 그릇에 담으십시오.

아이들을 몇 팀으로 나누십시오. 각 팀에 종이 여덟 장과 매직펜을 주십시오.

아이들에게 교리문답에서 뽑은 여덟 개의 질문에 대한 답이 그릇에 담겨 있다고 설명하십시오. 이 게임의 방법은 그 답에 맞는 질문을 빠르게 종이에 적는 것입니다. 그릇에서 여덟 개의 답 중 하나를 꺼내서 크게 읽어 주십시오. 1분 안에 해당하는 교리문답의 질문을 적게 하십시오. 시간이 되면 질문을 읽어 주십시오. 정확하게 질문을 맞힌 팀은 교실 앞으로 나오게 하여 점수를 주십시오. 그리고 질문을 적은 종이를 구겨 양동이에 던지게 하십시오. 그릇에서 모든 답을 꺼낼 때까지 이 과정을 반복합니다. 가장 많은 점수를 얻은 팀이 우승합니다.

⏱ 문30 소개

교실에 있는 모든 아이에게 줄 선물을 포장해서 준비합니다.

아이들이 수업을 받을 자세가 되면 선물을 하나씩 건네주십시오. 자유롭게 선물을 열어 봐도 좋다고 말해 주십시오. 선물을 열어 보고 즐거워할 시간을 주십시오.

문30을 읽어 주십시오. "예수 그리스도를 믿는 믿음이란 무엇입니까?" 이번 질문은 예수님을 믿는 믿음이 과연 무엇인지를 이해하는 데 도움이 될 것입니다. 아이들에게 지금 받은 선물이 마음에 드는지 물어보십시오. 그리고 생일이나 성탄절에 선물을 받는 것도 좋아하는지 물어보십시오. 분명히 그렇다고 답할 것입니다! 하나님이 주시는 믿음이라는 선물은 다른 어떤 선물보다 좋은 것이며, 이번 문답에서는 그 선물의 의미를 살펴볼 것이라고 아이들에게 말해 주십시오.

아이들에게 지금 받은 선물을 받기 위해서 한 일이 있는지 물어보십시오. 아이들은 선물을 받기 위해 아무것도 하지 않았지만, 기꺼이 포장을 뜯고 선물을 받았습니다. 구원을 믿음

Notes

으로 받는다는 것도 이와 같습니다.

활동

낙하산을 메고 뛰어내리거나 번지 점프를 하는 장면을 담은 영상을 준비하십시오.

아이들에게 낙하산을 메고 뛰어내리거나 번지 점프를 하는 사람들의 영상을 보여 주십시오. 아이들에게 비행기나 절벽에서 뛰어내리고 싶은 마음이 있는지 물어보십시오. 낙하산을 메고 또는 번지 점프대에서 떨어지는 사람들은 무엇을 신뢰하는 것인지 물어보십시오(아이들이 반사적으로 "하나님"이라고 말할 수도 있지만, 정답은 낙하산 또는 굵은 선입니다).

사람들은 낙하산이나 굵은 선이 생명을 지켜 줄 것으로 신뢰한 것이라는 사실에 아이들이 관심을 갖도록 하십시오. 만약 낙하산이 펴지지 않거나 번지 점프 선이 끊어진다면 그 결과는 끔찍할 것입니다!

따라서 그렇게 뛰어내리는 사람들은 그 장비가 믿을 만하다는 사실을 확실히 신뢰한 것입니다.

신뢰는 믿음에 핵심적인 부분입니다. 그리고 예수 그리스도를 믿는 믿음이란 궁극적으로 우리 삶을 그분께 신뢰하는 것을 의미합니다.

수업 개요

수업을 시작하면서 하나님께 도움을 구하십시오. 자신이 이번 문답을 신실하게 가르치게 해달라고, 아이들이 잘 듣게 해달라고 간구하십시오.

믿음을 설명할 때, 믿음을 어둠 속에서 도약하는 것으로 묘사하기도 합니다. 이는 믿음이란 그에 대해서 아무것도 모르는 상태에서 신뢰한다는 것을 암시합니다. 처음으로 등에 묶인 작은 물체를 메고 비행기에서 뛰어내렸던 사람이 한 일이 그랬을 것입니다. 하지만 지금 낙하산을 메고 떨어지는 사람들은 그렇지 않습니다. 그들은 낙하산을 사용하는 방법을 알기에 낙하산을 신뢰합니다. 그들은 설명서를 읽었습니다. 그들은 자신이 착용한 낙하산이 믿을 만한 회사에서 만들어진 것임을 알며, 숙련된 강사에게 사용하는 방법도 배웠습니다. 그래서 땅에 착륙할 때, 줄을 한 번 잡아당기면 낙하산이 펼쳐져서 아무런 해를 입지 않고 땅에 부드럽게 안착할 것을 신뢰합니다.

믿음이란 실질적인 증거를 통해 얻은 지식에 근거한 신뢰 또는 확신입니다. 이는 결코 어둠 속에서 도약하는 것이 아닙니다.

우리가 예수 그리스도께 믿음을 두는 것은 그분께 우리의 신뢰를 두는 것이며, 이렇게 하는 이유는 성경의 모든 증거가 그분을 약속된 구주라고 증명하기 때문입니다. 그분은 하나님이 자기 백성을 죄에서 구원하기 위해 보내겠다고 말씀하신 바로 그분입니다. 그분은 구약의 예언을 성취하신 분입니다.

그리스도인은 단지 예수님이 구주이심을 머리로 믿는 사람이 아니라, 내면에서 기꺼이 "예수님, 여기 제 모든 삶이 있습니다. 다른 그 어떤 것이 저를 구원해 주리라고 믿지 않습니다"라고 말할 수 있는 사람입니다. 아이들에게 담 위에 서 있다가 부모님의 팔을 향해 뛰어내리는 자녀의 모습을 생각해 보라고 하십시오. 아마도 아이들은 부모님이 자기를 기꺼이 받아 줄 것을 믿고, 자기를 받아 줄 수 있는 힘이 있다는 것도 믿는다고 말할 것입니다. 하지만 직접 뛰어내리는 순간까지는 그 믿음을 실천에 옮긴 것이 아닙니다. 우리가 예수님을 온전히 신뢰하여 그 품으로 "뛰어드는" 순간, 우리의 믿음이 증명되는 것입니다.

갈라디아서 2장 15-21절을 읽으십시오. 아이들이 말씀을 함께 읽을 수 있도록 성경을 준비하십시오.

아이들에게 이제 바울이 갈라디아에 있는 교회에 보낸 편지 중 일부를 살펴볼 것이라고 말해 주십시오. 바울은 이 구절에서 믿음으로 의롭게 된다는 것의 의미를 설명하고 있습니다. 간단히 말해서 이는 다른 무엇을 행해서가 아니라, 믿음으로만 하나님과 바른 관계로 들어서게 된다는 뜻입니다.

바울은 구원받는 유일한 길이 예수 그리스도를 신뢰하는 것이라고 분명하게 주장하고 있습니다. 바울이 이 편지를 쓸 때, 그리고 실제로 지금도 사람들은 하나님과 바르게 되려면 율법을 지켜야만 한다고 생각합니다. 그들은 특정한 방식으로 살아간다면, 스스로를 구원할 능력이 자신에게서 생겨난다고 믿습니다. 하지만 그렇지 않습니다. 예수님을 제외한 어느 누구도 하나님의 법을 완벽하게 지킬 수 없습니다. 바울은 의롭게 되는 유일한 길이란, 구원받기 위해서 예수님이 필요하며 우리 힘으로는 그렇게 할 수 없다는 사실을 인정하는 것이라고 말합니다. 확신을 품고 예수님을 온전히 신뢰하는 것입니다.

하나님은 우리가 그리스도인이 될 때 믿음이라는 선물을 주십니다. 우리의 옛 생명은 죽고, 우리는 그리스도 안에서 새 생명을 받았습니다. 즉 예수 그리스도를 믿는 믿음으로 살아가는 새 생명인 것입니다.

바울은 이 구절에서 사적인 방식으로 이야기합니다. 즉 그리스도가 **자신을** 사랑하셨으며, **자신을** 위해 죽으셨으며, 그 결과 **자신이** 예수님을 믿는 믿음으로 살아간다고 선포하는 것입니다. 그는 더 이상 자신을 신뢰하지 않고, 자신의 방법대로 살지 않으며, 예수님을 신뢰하고 예수님을 위해 살아간다고 말합니다. 또한 옛 생명에게 그토록 매력적이던 죄에 저항하기 위해 애씁니다. 이것이 예수 그리스도를 믿는 믿음의 모습입니다!

아이들이 문30과 답을 기억하도록 도우면서 수업을 마치십시오.

Notes

이 내용은 단순히 수업 지도를 위한 것입니다. 가르치는 아이들과 상황에 따라 이 내용을 확장하거나 수정하십시오. 여러분의 말로 여러분의 이야기를 쓰십시오. 그리고 아이들에게 적절하게 응용할 만한 예화나 적용을 추가하십시오.

활동

잡지, 가위, 풀, 매직펜, 종이를 아이들에게 하나씩 나눠 주십시오.

아이들에게 믿음이 무엇인지를 기억하는 데 도움이 되도록 콜라주를 만들 것이라고 말해 주십시오. 잡지에서 ㅁ, ㅣ, ㄷ, ㅇ, ㅡ, ㅁ 글자를 찾아 잘라 내도록 하십시오. 아이들에게 콜라주로 글씨를 만들어 오행시를 짓도록 합니다.

예)
- ㅁ 많은 것이
- ㅣ 이 세상에서
- ㄷ 다양한 것으로 나를
- ㅇ 유혹하지만
- ㅡ 그분만을
- ㅁ 믿고 의지한다

토론과 질문

아이들은 다음과 같은 질문을 할 수도 있습니다.

? 제가 믿음이라는 선물을 가지고 있는지 어떻게 확신할 수 있나요?

우리가 예수님께 한 번 신뢰를 두었으면, 하나님이 우리에게 믿음을 주셨다고 확신할 수 있습니다.

? 제가 예수님 외에 다른 것을 신뢰한다는 사실을 깨달으면 어떻게 해야 하나요?

우리가 다른 것을 신뢰한다는 사실을 깨달았다면, 언제라도 하나님께 고백할 수 있습니다. 우리는 하나님이 용서해 주신다는 사실을 믿습니다. 하나님을 믿는 믿음에는 하나님이 우리 죄를 사해 주신다는 믿음도 포함됩니다. 우리의 죄(우리가 다른 것을 신뢰하는 것)가 보이는 순간은, 우리의 선함을 의지하지 않고 예수님만 신뢰할 수 있는 가장 좋은 기회입니다.

다음 질문을 통해 아이들이 자신의 삶을, 그리고 이 교리문답이 각자에게 어떻게 영향을 줄지를 생각하도록 도와주십시오.

• 온전히 그리고 확실히 예수님을 구주로 신

문30 | 예수 그리스도를 믿는 믿음이란 무엇입니까?

Notes

뢰하나요?
- 그리스도를 바라고 신뢰하며, 그리스도를 위한 순종의 삶을 살아가기로 작정하였나요?
- 예수님을 믿는 것에 대해 이 세상은 어떻게 생각할까요?
- 사람들이 복음을 의심할 때에 흔들리지 않고 설 수 있나요?

덕목 찾기

신뢰

신뢰란 무엇을 의미하는지 아이들과 함께 이야기해 보십시오.

아이들에게 낙하산을 멘 두 사람이 있다고 생각해 보라고 하십시오. 한 사람은 자신감이 넘치는 사람이어서 전혀 두려워하지 않습니다. 반면에 다른 사람은 처음으로 뛰는 사람이기 때문에 안절부절못하고 있습니다. 게다가 자신의 낙하산이 제대로 펴질 것인지 확신하지 못해서 두려움에 빠져 있습니다. 그럼에도 두 사람은 낙하산을 메고 뛰어내립니다.

첫 번째로 뛰어내린 사람은 믿음이 많았지만, 두 번째로 뛰어내린 사람은 믿음이 그리 크지 않았습니다. 아이들에게 어떤 사람이 안전하게 착지할 것이라고 생각하는지 물어보십시오. 답은 "둘 다"입니다! 두 번째 사람에게는 믿음이 조금밖에 없었지만 그 사람도 뛰어내렸기 때문에 낙하산을 신뢰하였음을 입증한 것입니다. 그 사람의 안전은 자신이 낙하산을 얼마나 신뢰하는지의 정도가 아니라 낙하산 자체에 달려 있던 것입니다.

하나님을 충분히 신뢰하지 못한다거나 믿음이 충분하지 않은 것 같아 걱정될 때, 구원은 자신이 지닌 믿음의 크기가 아닌 우리를 구원하실 예수님의 능력과 신실하심에 달려 있는 것임을 기억해야 합니다.

암송 활동

각 글자에 숫자를 부여하십시오. 그리고 암송 구절 또는 교리문답을 숫자 암호로 적으십시오. 아이들은 암송 구절 또는 교리문답을 알아내기 위해 암호를 해독해야 합니다. 예를 들어, 아이들에게 "가 = 1"이고, "나 = 2"라는 것을 알려주십시오.

아이들에게 암호화된 암송 구절이나 교리문답을 보여 주고, 그 암호를 해독해서 무슨 뜻인지 알아 맞혀 보라고 하십시오.

아이들이 해독한 후에 암송 구절 또는 교리문답을 몇 차례 읽게 하십시오. 그리고 종이를 뒤집고 크게 읽게 하십시오.

Notes

⑤ 마치는 기도

아이들을 독려하여 예수님을 믿게 하신 하나님께 감사하도록 하십시오. 완벽하게 신뢰할 만한 아버지의 사랑이 자신을 붙잡았다는 사실을 더욱 온전히 이해하여 신뢰하는 마음이 깊이 자라나게 하십시오.

문31

참된 믿음으로 우리는 무엇을 믿습니까?

답

전능하사 천지를 만드신 하나님 아버지를 내가 믿사오며, 그 외아들 우리 주 예수 그리스도를 믿사오니, 이는 성령으로 잉태하사 동정녀 마리아에게 나시고, 본디오 빌라도에게 고난을 받으사 십자가에 못 박혀 죽으시고, 장사한 지 사흘 만에 죽은 자 가운데서 다시 살아나시며, 하늘에 오르사 전능하신 하나님 우편에 앉아 계시다가 저리로서 산 자와 죽은 자를 심판하러 오시리라. 성령을 믿사오며, 거룩한 공회와, 성도가 서로 교통하는 것과, 죄를 사하여 주시는 것과, 몸이 다시 사는 것과, 영원히 사는 것을 믿사옵나이다.

핵심 개념
사도들로부터 내려온 하나의 참된 신조가 있다.

목적
아이들이 사도신경에서 배운 참된 진리를 수용하고 지키도록 돕는다.

성경 본문
유다서 1-4절

암송 구절
"성도에게 단번에 주신 믿음의 도를 위하여 힘써 싸우라는 편지로 너희를 권하여야 할 필요를 느꼈노니"(유 1:3).

핵심 덕목
경외

Notes

기억하십시오

사도신경은 기독교 신앙의 핵심 교리를 담고 있는 역사적인 선언문입니다. 사도신경은 수 세기 동안 그리스도인을 형성하고 훈육하는 용도로 사용되어 왔습니다. 다원주의 세계를 살고 있는 아이들은 이 세상에 다양한 믿음이 있고 하나님께 나아가는 방법도 여러 가지가 있다는 말을 많이 들을 것입니다.

이번 문답은 예수님 시대부터 지금까지 가르쳐 내려오는 하나의 참된 신조가 있으며, 그 신조가 사도신경에 압축되어 있다는 사실을 아이들이 이해하도록 도울 것입니다. 사도신경을 암송함으로써, 아이들은 참된 신앙의 핵심 교리들을 손쉽게 기억할 수 있습니다. 이번 문답의 목적은 아이들에게 유서 깊은 기독교 신앙에 확신을 갖고 그 신앙을 지킬 수 있도록 도울 것입니다.

수업을 계획하고 가르칠 때 기억할 것들

- 이 질문에 대한 답변은 깁니다! 아이들이 사도신경을 익히려고 노력할 때 여유를 가지십시오.
- 사도신경을 익히는 것만큼이나 이해하는 것도 중요합니다. 아이들이 사도신경에 나오는 각 문장을 확실히 이해할 수 있도록 정성을 들이십시오.
- 인도자는 자신이 정한 시간 계획에 맞추어 이 문답에 있는 활동을 섞거나 수정할 수 있습니다(학습 계획을 예시한 13쪽을 참조하십시오). 그 요소들을 모두 할 시간이 없을지도 모릅니다. 여러분이 가르치는 아이들의 강점과 약점에 따라 각 활동을 자유롭게 응용하십시오.

기도하십시오

은혜로우신 하나님! 하나님의 말씀 안에서, 그리고 하나님의 말씀을 통해서 하나님 자신과 위대한 구원 계획을 드러내 주셔서 감사합니다. 역사 내내, 사람들에게 용기를 주셔서 기독교 신앙을 위해 일어나게 하신 하나님을 찬양합니다. 교회에 유서 깊은 사도신경을 주셔서 감사합니다. 또한 그 사도신경이 성경의 교리를 분명하게 명문화할 수 있게 해주시니 감사합니다. 이번 문답을 배우는 아이들에게 이해하는 마음을 주십시오. 참된 기독교 신앙을 아는 지식을 준비하게 하시고, 하나님을 위해 언제든지 일어날 준비가 되도록 해주십시오. 예수님의 이름으로 기도합니다. 아멘.

문31 | 참된 믿음으로 우리는 무엇을 믿습니까?

준비하십시오

- 1번부터 31번까지 숫자 중에 몇 개를 골라 프린트한 종이
- "문31 순교자 삽화"(자료집)
- "문31 신경 맞추기"(자료집)
- 봉투
- "문31 사도신경 책갈피"(자료집), 아이 수만큼
- 스티커
- 사인펜
- 반짝이 풀
- 암송 구절이 프린트된 카드

Notes

교리문답 정리

1에서 31까지 숫자 중에 몇 개를 골라 프린트한 종이를 하나씩 자르십시오. 그리고 교실 바닥에 거꾸로 뒤집어 놓으십시오. 아이들 수보다 두 장 적게 준비하십시오. 예를 들어 아이들이 열여덟 명이면 열여섯 개의 숫자를 준비하십시오. 아이들이 열 명이라면 여덟 개의 숫자를 준비하십시오.

아이들을 벽 앞에 줄을 세우고, "출발"이라고 외치면 달려가서 종이 위에 서도록 알려 주십시오. 종이 위에 서지 못한 아이들은 교실 한편으로 이동해야 합니다. 아이들에게 종이를 뒤집어 숫자를 확인하게 하십시오. 그 숫자에 해당하는 교리문답을 정확히 기억할 수 있으면 계속 서 있도록 하십시오. 하지만 문답을 기억하지 못한다면 교실 한편에 있던 아이에게 대신 그 자리에 서달라고 부탁할 수 있습니다. 몇몇 아이에게 자신의 숫자에 해당하는 교리문답을 암송하도록 하십시오. 매번 종이를 줄여 나가면서 몇 차례 더 진행합니다.

문31 소개

아이들에게 "문31 순교자 삽화"(자료집)에서 라티머와 리들리의 화형, 크랜머의 순교 그림을 보여 주십시오.

아이들에게 이 두 그림에서 어떤 일이 벌어지고 있는 것인지 설명해 보라고 하십시오. 아이들에게 그림을 자세히 살펴보고 세부적인 모습에도 주목하라고 하십시오.

이 그림들은 옥스퍼드 순교자로 알려진 세 명을 묘사한 것입니다. 첫 번째 그림은 휴 라티머와 니콜라스 리들리가 1555년 10월 16일에 화형을 당하는 모습을 담고 있습니다. 토마스 크랜머 역시 5개월 뒤에 불에 타서 순교하였습니다. 이들은 모두 참된 기독교 신앙을 옹호하고 지켰다는 이유로 죽임을 당했습니다. 당시 잉글랜드의 여왕이 백성에게 성경에서

Notes

가르치지 않는 교리를 따르도록 했기 때문입니다.

문31을 읽어 주십시오. "참된 믿음으로 우리는 무엇을 믿습니까?" 이 질문이 참된 기독교 신앙이 무엇인지, 그리고 진리를 위해 싸운다는 것이 무엇인지 생각해 보도록 도울 것입니다.

활동

"문31 신경 맞추기"(자료집)를 복사하십시오. 그 신경을 열두 개로 자르십시오. 봉투에 종이 조각 열두 개를 담으십시오. 이것을 여러 세트 만드십시오.

아이들에게 사도신경을 읽어 주면서 사도신경을 소개하십시오. 아이들에게 신경이란 기독교 신앙을 진술한 것이라고 말해 주십시오. 예수님이 죽으시고 부활하신 직후부터 역사 내내 사람들은 참된 기독교 신앙을 위해 싸워 왔습니다.

4세기에 살던 그리스도인은 영지주의자라는 집단으로부터 엄청난 반대에 부딪혔습니다. 그들은 예수님이 실제로 돌아가시고 부활하신 것이 아니라고 가르쳤습니다. 따라서 이러한 거짓 가르침에 대한 대응책으로, 그리고 참된 기독교 신앙의 진술문으로 사도신경이 만들어진 것입니다.

그리고 사도신경이라고 불리는 이 진술문은 사도들이 직접 기록한 것은 아니지만, 사도들이 가르친 내용을 담고 있습니다.

아이들을 몇 팀으로 나누십시오. 그리고 각 팀에게 열두 개의 종이 조각이 담긴 봉투를 주십시오. 봉투 안에 성경 구절 여섯 개, 사도신경의 여섯 개 항목을 넣으십시오. 아이들에게 사도신경에 기록된 모든 내용은 성경에서 나온 것이라고 설명해 주십시오. 아이들에게 사도신경 내용과, 사도신경이 나온 근거가 되는 성경 말씀을 서로 연결시켜 보도록 하십시오.

수업 개요

"문31 사도신경 책갈피"(자료집)를 복사하여 아이 수만큼 준비하십시오.

수업을 시작하면서 하나님께 도움을 구하십시오. 자신이 이번 문답을 신실하게 가르치게 해달라고, 아이들이 잘 듣게 해달라고 간구하십시오.

유다서 1-4절을 읽으십시오. 아이들이 말씀을 함께 읽을 수 있도록 성경을 준비하십시오. 아이들에게 유다서는 성경에서 가장 짧은 책 중 하나라고 말해 주십시오. 유다서는 한 장 밖에 없습니다!

이 짧은 말씀 안에서 유다는 그리스도인들에게 믿음을 위해 싸우라고 호소하고 있습니다. 유다는 참된 기독교 메시지를 변호하면서, 성경에 근거하여 세대를 거쳐 내려온 믿음을 유지하기 위해 싸워야 한다는 사실을 분명히 밝혔습니다.

지금도 어떤 그리스도인들에게 참된 신앙을 지킨다는 것은 목숨을 걸어야 하는 일입니다. 마치 라티머, 리들리, 크랜머가 그러했듯이 말입니다. 하지만 그렇지 않은 수많은 사람에게는 참된 신앙을 지킨다는 것이 신앙에 관한 모든 것을 알고, 왜 자신이 그렇게 믿는지 다른 사람에게 말할 수 있다는 것을 의미합니다. 그리고 여기에는 신앙을 잘못 가르치는 사람들에게 맞서는 것도 포함됩니다. 참된 기독교 신앙을 알고 이해하는 모든 사람은 그렇게 해야 합니다. 오랜 세대에 걸쳐 그 신앙을 위해 싸워 온 사람들이 있기 때문입니다.

군사가 전장에 나서기 전에 무엇을 하는지 아이들에게 물어보십시오. 군사들은 싸우기 위해 훈련을 받고, 무기를 준비합니다! 아이들에게 사도신경을 알고 이해하는 것은, 하나님의 백성으로서 참된 기독교 믿음을 지키기 위해 자신을 준비하는 방법이라고 가르쳐 주십시오.

3절에서 유다는 그리스도인들에게 "성도에게 단번에 주신" 믿음을 위해 싸우라고 명합니다. 사도신경은 유다가 언급하는 그 핵심 교리를 담고 있습니다. 사도신경은 사도들이 이해한 복음의 진리를 전합니다. 사도들은 예수님께 직접 배운 자들로서, 예수님께 배운 바를 교회에 있는 하나님의 백성에게 전한 자들입니다. 한 사람을 제외하고 모든 사도는 그들이 가르친 메시지에 반대하는 사람들에게 죽임을 당했습니다. 유다 또한 기독교 신앙이 "단번에" 성도들에게 전해졌다는 점을 강조합니다. 이 메시지는 영원히, 모든 사람을 위해 단 한 번 교회에 주어진 것입니다.

이 구절에는 아이들에게 전해야 할 또 하나의 중요한 내용이 있습니다. 단지 교회의 외부인들만 교회를 위협하고, 참된 기독교 신앙의 이해를 막는 것이 아니라는 사실입니다. 오히려 이미 교회 안에 있는 자들이 그렇게 하기도 합니다.

마지막으로 아이들에게 전 세계 많은 교회가 매주 사도신경을 함께 고백한다는 사실을 설명하며 마무리하십시오. 함께 사도신경을 고백하는 것은 참된 기독교 믿음이 무엇인지를 서로에게 상기시키며, 참된 기독교 믿음을 위해 싸울 준비를 하기에 좋은 방법입니다.

아이들에게 책갈피 모양으로 된 사도신경 복사본을 주십시오. 아이들과 함께 읽어 보십시오. 그리고 집에 가져가서 성경책이나 침대 머리맡처럼 계속 볼 수 있는 곳에 두도록 하십시오.

아이들이 문31과 답을 기억하도록 도우면서 수업을 마치십시오.

이 내용은 단순히 수업 지도를 위한 것입니다. 가르치는 아이들과 상황에 따라 이 내용을 확장하거나 수정하십시오. 여러분의 말로 여

Notes

러븐의 이야기를 쓰십시오. 그리고 아이들에게 적절하게 응용할 만한 예화나 적용을 추가하십시오.

🔟 활동

교실 오른편을 "참", 왼편을 "거짓"으로 정하십시오. 아래 문장을 읽으십시오. 아이들에게 그 문장이 참인지 거짓인지를 생각하고 해당하는 곳으로 가게 하십시오.

1. 사도신경은 성경에 글자 그대로 기록되어 있습니다. (거짓)
2. 사도신경은 사도들이 기록한 것입니다. (거짓)
3. 사도신경은 참된 기독교 믿음을 요약한 것입니다. (참)
4. 사도신경에 기록된 모든 내용은 성경이 가르치는 것입니다. (참)
5. 사도신경은 삼위일체 세 위격을 모두 언급합니다. (참)
6. 예수님은 아버지 좌편에 앉아 계십니다. (거짓)
7. 오직 죽은 자만이 심판을 받습니다. (거짓)
8. 예수님은 이틀 만에 죽은 자 가운데서 살아나셨습니다. (거짓)
9. 사도신경은 예수님이 고난을 당하지 않았다고 말합니다. (거짓)
10. 사도신경은 예수님이 하나님의 아들이라고 선포합니다. (참)

🕔 토론과 질문

아이들은 다음과 같은 질문을 할 수도 있습니다.

? 그리스도인이 되기 위해서 꼭 사도신경을 알아야만 하나요?

아닙니다! 사도신경은 기독교 신앙을 잘 정리하고 있기 때문에 도움이 되고, 역사적으로도 의미가 있지만, 그리스도인은 오직 그리스도의 죽으심을 통해 구속받고 하나님과 화목하게 된 사람입니다.

? 왜 사도신경은 우리가 공교회(가톨릭교회, catholic church)를 믿는다고 하나요?

현대에는 로마 가톨릭교회를 지칭할 때 **가톨릭**이라는 단어를 종종 사용합니다. 하지만 이는 사도신경에서 이 단어를 사용할 때 담고 있는 뜻은 아닙니다. 여기에서 **가톨릭**은 "보편적인"이라는 뜻을 담고 있습니다. 우리가 거룩한 공교회를 믿는다고 말할 때, 이는 예수님을 믿는 전 세계 모든 사람으로 이루어진 하나의 참된 교회가 있다는 것을 뜻합니다.

? 예수님은 정말로 지옥에 가셨나요?

성경은 예수님이 하나님의 진노를 온전히 담당하셨다고 가르칩니다. 따라서 예수님을 신뢰하는 자는 지옥, 즉 하나님과 영원한 분리를 경험하지 않아도 됩니다. 우리는 예수님이 십자가에서 아버지와 분리되셨음을 압니다(마태복음 27장 46절을 보십시오. 예수님은 부르짖으십니다. "나의 하나님, 나의 하나님, 어찌하여 나를 버리셨나이까?"). 이런 의미에서 볼 때, 예수님은 우리를 위해 지옥을 경험하신 것입니다. 하지만 성경은 예수님이 지옥이라고 하는 물리적인 장소로 가셨다고 분명하게 가르치지는 않습니다. 따라서 우리는 "예수님이 지옥에 내려가셨으며"(영어 버전)라는 사도신경의 구절이 예수님께서 하나님의 온전한 분노를 담당하셨음을 의미하는 것으로 받아들입니다.

다음 질문을 통해 아이들이 자신의 삶을, 그리고 이 교리문답이 각자에게 어떻게 영향을 줄지를 생각하도록 도와주십시오.

- 기독교 믿음을 위해 싸울 준비가 되었나요?
- 복음을 위해 싸우다가 목숨을 잃게 되면 어떤 느낌일까요?

덕목 찾기

책갈피를 꾸미기 위해 스티커, 사인펜, 반짝이 풀이 필요합니다.

경외

아이들에게 책갈피에 기록된 사도신경을 읽고 장식하도록 합니다.

아이들이 책갈피를 꾸미는 동안, 하나님을 경외하지 않는 자들에게는 어떤 일이 생기는지 물어보십시오. 성경이 제시한 진리를 부정하는 자들은 자신들이 하나님에 대해 편협한 관점을 지녔고, 하나님을 경외하지 않는다는 사실을 입증하는 것임을 깨닫도록 도와주십시오.

믿음을 지키기 위해 기꺼이 목숨을 내놓는 사람들은 하나님을 엄청나게 경외하는 자입니다. 그들이 보는 하나님은 매우 크기 때문에, 목숨을 내놓아야 할지라도 하나님을 배신하지 않는 것입니다.

아이들에게 믿음을 위해 생명을 바친 사람들을 생각할 때 경외감이 생기는지 물어보십시오.

Notes

⑩ 암송 활동

두 가지 암송 활동 중에 하나를 선택할 수 있습니다.

암송 구절을 잘 습득하도록 돕기 위해

암송 구절의 각 단어를 카드에 프린트하십시오. 각 팀마다 암송 구절 세트를 하나씩 준비하십시오.

아이들을 두 팀으로 나누고 암송 구절을 아이들에게 읽어 주십시오. 그리고 아이들이 인도자를 따라서 한 단어씩 읽게 하십시오.

암송구절을 다시 읽어 주고, 아이들이 인도자를 따라 전체 구절을 읽게 하십시오.

각 팀마다 암송 카드 세트를 주십시오. 순서가 맞지 않도록 해야 합니다! 아이들에게 바른 순서로 단어들을 조합하도록 하십시오. 먼저 구절을 완성한 팀에게 점수를 주십시오. 마지막으로 암송 구절을 암송하게 하십시오.

교리문답을 잘 습득하도록 돕기 위해

뉴시티 교리문답 홈페이지나 앱에서 문31 노래를 찾으십시오(영어 가사로 된 노래이지만 한국어로 가사를 붙여 볼 수 있습니다). 이번 답은 다른 문답에 비해서 길기 때문에 사도신경을 암송하는 데 노래가 도움이 될 것입니다.

문31 "참된 믿음으로 우리는 무엇을 믿습니까?" 교실에서 노래를 들려주십시오. 아이들이 노래에 맞춰 동작도 만들어 보도록 독려하십시오. 필요한 만큼 들려주고, 아이들이 노래를 듣지 않고도 율동을 하며 찬양하도록 해보십시오.

---

⑤ 마치는 기도

아이들이 서로 짝을 정하게 하십시오. 그리고 짝과 함께 찬양의 기도를 드리도록 하십시오.

문32

칭의와 성화는 무엇입니까?

답

**칭의는 우리가 하나님 앞에서 의롭다 칭해졌다는 뜻입니다.
성화는 우리가 점차 의롭게 된다는 뜻입니다.**

핵심 개념
하나님은 자신이 선택하신 자들을 의롭다 하시고, 선택한 백성을 거룩하게 하신다.

목적
칭의와 성화는 모두 그리스도인의 삶의 일부이며, 칭의가 성화에 앞선다는 사실을 아이들이 이해하도록 돕는다.

성경 본문
베드로전서 1장 1-2절

암송 구절
"곧 하나님 아버지의 미리 아심을 따라 성령이 거룩하게 하심으로 순종함과 예수 그리스도의 피 뿌림을 얻기 위하여 택하심을 받은 자들에게 편지하노니 은혜와 평강이 너희에게 더욱 많을지어다"(벧전 1:2).

핵심 덕목
기쁨

Notes

기억하십시오

칭의와 **성화**는 때로 아이들이 이해하기 어려워하는 성경 용어입니다. 하지만 아이들이 이러한 개념을 이해하고, 두 개념의 차이를 알며, 그리스도인의 삶과 체험에서 이 두 개념의 순서가 갖는 의미를 깨닫는 것은 중요합니다. 이번 문답은 아이들에게 사람이 그리스도인이 될 때 의롭게 된다는 것, 즉 법적으로 그들이 하나님이 보시기에 의롭다고 선포되었음을 새겨 줄 것입니다. 또한 성화란 칭의 다음에 오는 과정임을 설명할 것입니다. 성화란 그리스도인의 마음에서 성령님이 내적으로 초자연적인 역사를 행하시는 것입니다. 이번 문답의 목적은 아이들이 칭의가 무엇인지 기억하고, 성화의 과정을 이해하도록 돕는 것입니다.

수업을 계획하고 가르칠 때 기억할 것들

- 아이들은 예수님을 더욱 닮아 갈 수 있다는 것을 걱정스럽게 받아들이거나 혼란스럽게 여길 수 있습니다. 그 과정이 어떻게 발생하는지 확신하지 못하기 때문입니다.
- 성령님이 오셔서 그리스도인 안에 거하신다는 개념은 아이들을 헷갈리게 하는 것일 수 있습니다. 그것은 초자연적인 과정이며, 실제로 한 사람이 우리 안에 산다는 뜻은 아니라는 점을 천천히 설명하십시오. 아이들은 물리적인 영역은 분명하게 이해하지만, 초자연적인 영역을 이해하는 데는 여전히 미숙합니다.
- 인도자는 자신이 정한 시간 계획에 맞추어 이 문답에 있는 활동을 섞거나 수정할 수 있습니다(학습 계획을 예시한 13쪽을 참조하십시오). 그 요소들을 모두 할 시간이 없을지도 모릅니다. 여러분이 가르치는 아이들의 강점과 약점에 따라 각 활동을 자유롭게 응용하십시오.

기도하십시오

사랑이 많으신 하나님, 저를 선택하시고 의롭다 여기시니 감사합니다. 성령님의 능력으로 저를 거룩하게 하시는 주님을 찬양합니다. 저를 도우셔서 당신의 영광을 위하여 더욱 예수님을 닮아 가기를 열망하고, 당신께 순종하게 해주십시오. 이 문답을 배우는 아이들에게 이해하는 마음을 허락해 주십시오. 칭의의 의미를 이해하게 하시고, 개인의 삶에서 성화의 역사가 있기를 간절히 바라게 해주십시오. 예수님의 이름으로 기도합니다. 아멘.

문32 | 칭의와 성화는 무엇입니까?

준비하십시오

- 규격 봉투 8장
- 포스터 보드
- 색인 카드
- 풀 또는 테이프
- 상자 두 개
- 포장지
- "성화"라는 글자를 프린트한 종이
- "칭의"라는 글자를 프린트한 종이
- "문32 칭의 또는 성화?"(자료집)
- 벽지 또는 달력 종이
- 매직펜

Notes

⑤ 교리문답 정리

규격 봉투 8장의 입구를 풀로 붙이십시오. 그리고 각각 반으로 잘라, 한쪽이 열린 16개의 봉투를 만드십시오. 그리고 포스터 보드에 열린 면이 위로 오도록 가로 세로 4×4 격자 모양으로 붙이십시오. 그리고 각 봉투에 색인 카드를 하나씩 넣으십시오. 카드 4개는 빈 것으로 놓아 두고, 다른 12개의 카드들에는 다음 문장 중 하나를 적으십시오.

- 다른 팀과 점수를 바꾼다.
- 자기 팀이 2점을 얻는다.
- 자기 팀이 2점을 잃는다.
- 두 팀 모두 4점을 잃는다.
- 자기 팀 점수가 0점이 된다.
- 다른 팀 점수가 0점이 된다.

두 팀의 점수를 모두 기록하여 점수를 바꾸라고 지시하는 카드가 나올 때 지시에 따를 수 있도록 하십시오.

아이들을 두 팀으로 나누십시오. 각 팀에게 차례대로 교리문답에 있는 질문을 하면 그에 맞는 답을 말하도록 하십시오. 질문을 읽으면, 그 팀은 반드시 그에 맞는 답을 해야 합니다. 답을 할 기회는 한 번뿐입니다. 정답을 말하면, 봉투에서 카드를 고를 수 있습니다. 점수를 얻거나, 잃거나, 바꾸거나, 점수가 완전히 없어지기도 할 것입니다! 카드를 다 뽑았을 때, 가장 많은 점수를 얻은 팀이 우승합니다. 이 게임의 목적은 재미있게 교리문답을 복습하도록 하는 것입니다.

⑤ 문32 소개

두 개의 상자와 포장지가 필요합니다. "칭의"라는 단어와 "성화"라는 단어를 각각 종이에 프린트하여 각 상자 안에 두십시오. 상자를 포장하고 한 상자에 숫자 1을 붙이고, 다른 상자

Notes

에 숫자 *2*를 붙이십시오.

　두 상자를 교실 앞에 두고 아이들에게 안에 무엇이 있는지 물어보십시오. 아이들에게 이 상자에는 하나님이 인류에게 주신 두 개의 위대한 선물을 설명하는 단어가 들어 있다고 이야기하십시오. 하지만 이 상자들은 반드시 순서대로 열어야 한다고 말해 주십시오.

　한 아이를 교실 앞으로 나오게 해서 1번 상자를 열고 **칭의**라는 단어를 꺼내게 하십시오. 아이들에게 칭의란 하나님이 누군가를 하나님이 보시기에 의롭다고 선포하시는 것이라고 설명하십시오. 오직 하나님만이 의롭다고 하실 수 있습니다. 그리고 하나님이 의롭다고 선포하실 수 있는 이유는 예수님이 십자가에서 죽으시면서 죄인들에게 돌아갈 형벌을 대신 당하셨기 때문입니다. 칭의란 하나님이 주시는 놀라운 선물입니다!

　다른 아이를 불러서 2번 상자를 열어 보도록 하십시오. 그리고 아이들에게 이 상자들은 정해진 순서에 따라 열어야만 한다는 점을 강조하십시오. **성화**라는 단어를 꺼내게 하십시오. 성화란 칭의 후에만 일어나는 것입니다. 하나님이 사람을 의롭다 하시고 그들이 당해야 할 형벌에서 구원하시면, 성령님이 찾아와 그 안에 거하시게 됩니다. 그리고 성령님은 그 안에 거하시면서 그 사람을 더욱 예수님과 닮아 가게 만드십니다. 한마디로 성화란 예수님을 더욱 닮아 가는 과정입니다.

　문32를 읽어 주십시오. "칭의와 성화는 무엇입니까?" 이 문답을 통해 칭의의 원리와 성화의 과정을 더 깊이 이해할 수 있을 것입니다.

활동

아이들을 몇 팀으로 나누십시오. "문32 칭의 또는 성화?"(자료집)를 복사해서 각 팀에게 나눠 주십시오.

　각 팀에게 "문32 칭의 또는 성화?"(자료집)를 복사하여 나눠 주십시오. 아이들에게 **칭의**에 관련된 것은 무엇인지, **성화**에 관련된 것이 무엇인지 상의하면서 파악해 보도록 하십시오. 그리고 성화에 관한 것은 "S", 칭의에 관한 것은 "J"라고 쓰게 하십시오.

　몇 분이 지나면, 이 단어를 가지고 아이들과 이야기를 나누십시오. 그리고 아이들이 칭의와 성화의 차이를 이해하기 시작했는지 점검해 보십시오(주의: 몇몇 단어는 칭의와 성화 둘 다와 관련이 있습니다).

문32 | 칭의와 성화는 무엇입니까?

수업 개요

수업을 시작하면서 하나님께 도움을 구하십시오. 자신이 이번 문답을 신실하게 가르치게 해달라고, 아이들이 잘 듣게 해달라고 간구하십시오.

아이들에게 포장된 상자들을 왜 정해진 순서에 따라서 열어야만 했는지 물어보십시오. 그리스도를 통해 하나님이 의롭다 하신 후에야 성령님이 오셔서 그 사람 안에 살아가시며 성화의 과정을 시작하신다는 점을 아이들에게 상기시키십시오. 그저 선한 삶을 살려고 노력하거나, 의롭다 칭함을 받지 않은 채로 예수님을 더욱 닮아 가려고 하는 것으로는 하나님과 바른 관계를 맺을 수 없습니다. 성화의 과정은 하나님이 의롭게 하신 후에 시작됩니다.

아이들에게 자라면 무엇이 되고 싶은지 질문을 받아 본 적이 있는지 물어보십시오. 그리고 하나님의 세상에서는 아이들이 할 수 있는, 또한 될 수 있는 놀라운 것이 굉장히 많다고 말해 주십시오. 하지만 그리스도인이 품을 수 있는 가장 위대한 열망은 예수님을 더욱 닮아 하나님을 영화롭게 하는 것입니다. 아이들에게 "커서 뭐가 되고 싶니?"라는 질문에 "예수님을 더 닮고 싶어요"라고 답하면 어른들이 어떻게 반응할 것 같은지 물어보십시오.

베드로전서 1장 1-2절을 읽으십시오. 아이들이 말씀을 함께 읽을 수 있도록 성경을 준비하십시오.

베드로는 예수님을 사랑한다는 이유로 핍박을 받고 있는, 각지에 흩어진 그리스도인들에게 특별한 편지를 쓰고 있습니다.

베드로는 그들이 하나님께 매우 특별한 존재임을 상기시키며 독려하려고 애쓰고 있습니다. 베드로는 믿는 자들의 구원에 관해 하나님이 행하시는 세 가지 사역을 언급합니다.

1. 선택
2. 칭의
3. 성화

이 두 절의 말씀을 보고, 성부 하나님이 하시는 일, 성자 하나님이 하시는 일, 성령 하나님이 하시는 일을 확인해 보도록 하십시오.

1. 선택 : 성부 하나님
2. 칭의 : 성자 하나님
3. 성화 : 성령 하나님

아이들에게 문27의 내용과 하나님이 의롭다 하시고 거룩하게 하실 사람을 미리 선택하신다는 사실을 상기시키십시오. 베드로가 흩어진 그리스도인들을 두고 "택하심을 받은 자"라고 칭한 것이 바로 이 사실을 뜻합니다. 그들은 하나님이 선택하셔서 자신의 거룩한 백성이 되게 하신 자들입니다. 베드로는 기독교 신앙 때문에 거절당하는 그리스도인들을 위로합니다. 즉 그들은 하나님이 선택하신 자임을 강조하는 것입니다!

2절에서 베드로는 흩어진 그리스도인들이

Notes

예수님의 피로 의롭다 여김을 받았다는 사실을 강조합니다(로마서 5장 9절 말씀을 찾아봐도 좋습니다). 그리스도인들은 단번에 영원히 의롭다고 선포된 자들입니다. 그들의 죄는 완전히 해결되었습니다. 아이들에게 재판장에서 범인이 두려워 떨며 판사 앞에 서 있는 모습을 상상해 보라고 하십시오. 그런데 판사는 그 범인에게 "무죄"라고 선포합니다. 그리스도인에게 일어나는 일이 이와 동일합니다. 구속주 예수님이 죄에 대한 대가를 치르시면서, 하나님은 회개하는 죄인에게 더 이상 죄가 있다고 하시지 않습니다. 회개하는 죄인에게는 그들의 죄 대신에 그리스도의 의가 주어지는 것입니다.

베드로는 또한 흩어진 그리스도인들에게 성령님으로 거룩하게 된다고 말합니다. 아이들에게 성화가 무엇인지 기억하느냐고 물어보십시오. 성화란 우리가 점진적으로, 점차 의롭게 된다는 뜻입니다. 아이들에게 그리스도인의 삶에 성화의 역사를 일으키시는 분이 누구인지 물어보십시오. 그분은 바로 성령님입니다. 성령님이 그리스도인의 마음에 일하셔서 그 사람을 예수님과 더욱 닮아 가도록 만들어 가십니다. 성화는 평생에 걸친 과정입니다. 어느 날 아침 일어나 보니 갑자기 완전히 예수님과 같아지는 일은 없습니다. 성령님은 그리스도인들이 예수님과 연합하기 위해 세상을 떠나는 그 날까지 그리스도인들의 마음에서 계속 일하십니다.

아이들에게 칭의와 성화의 순서를 뒤바꾸면 왜 좋지 않을 것이라고 생각하는지 물어보십시오. 만약 칭의 전에 성화가 온다면, 사람들은 천국에 가기 위해 그리스도의 의에 의지하기보다는 오히려 자기 방법대로 해결하기 위해 애쓸 것입니다. 흩어졌던 그리스도인들은 베드로의 이 말에서 큰 위로를 누렸을 것입니다. 그리고 베드로의 의도도 바로 그것이었습니다! 베드로는 "은혜와 평강이 너희에게 더욱 많을지어다"라고 말하며 2절을 마무리합니다. 그리하여 그리스도인이 되면, 즉 하나님의 선택, 칭의, 성화를 입은 자가 되면 은혜와 평강이 계속해서 있음을 상기시킨 것입니다.

아이들이 문32와 답을 기억하도록 도우면서 수업을 마치십시오.

이 내용은 단순히 수업 지도를 위한 것입니다. 가르치는 아이들과 상황에 따라 이 내용을 확장하거나 수정하십시오. 여러분의 말로 여러분의 이야기를 쓰십시오. 그리고 아이들에게 적절하게 응용할 만한 예화나 적용을 추가하십시오.

활동

벽지 또는 달력 종이와 같이 커다란 종이를 준비하십시오. 또한 매직펜이 많이 필요합니다. "예수님을 더 닮아 가기"라고 종이 상단에 쓰십시오. 아이들에게 성화란 구별되는 것이고,

문32 | 칭의와 성화는 무엇입니까?

예수님을 더욱 닮아 가는 과정이며, 사람이 의롭다 함을 받은 후에 시작되는 것임을 새겨 주십시오.

아이들에게 예수님이 어떠한 모습이었는지에 관해 글을 쓰거나 그림을 그리도록 하십시오. 아이들을 독려하여 예수님의 특성 중에 우리도 지니고 있는 특성들을 묘사해 보도록 하십시오(예를 들어, "모든 것을 아신다"보다는 "사랑이 많으시다"와 같이 쓰게 하십시오). 시간이 어느 정도 지난 후에는, 아이들에게 자리로 돌아가서 종이에 쓰거나 그렸던 내용에 서로 이야기를 나누도록 하십시오. 예수님은 온전히 의로우시며, 성화의 과정은 예수님처럼 의롭게 되는 것이 그 목표라고 설명하십시오.

아이들에게 모든 그리스도인의 삶의 목적은 예수님을 더욱 닮아 하나님을 영화롭게 하는 것이라고 새겨 주십시오. 기도 시간에 성령님이 역사하셔서 예수님을 더욱 닮게 도와달라고 하나님께 구하도록 독려하십시오.

⑤ 토론과 질문

아이들은 다음과 같은 질문을 할 수도 있습니다.

? 하나님이 나를 의롭다고 하셨는지 어떻게 알 수 있나요?

회개하며 하나님께로 돌아갔고, 예수님이 죄를 용서해 주시는 분임을 신뢰했다면 의롭다 여김을 받은 것입니다.

? 저는 그리스도인인데 여전히 죄를 범합니다. 왜 저는 아직 예수님과 같이 되지 못하나요?

그리스도인이 되는 것은 죄가 없는 존재가 된다는 것이 아니라 다만 죄를 저지르는 열망이 줄어들고 하나님께 순종하는 마음이 커지는 것입니다. 예수님을 더 닮기를 갈망하면 성령님이 내면에서 일하실 것입니다.

? 성령님이 일하시는 것을 느낄 수 있나요?

성령님의 사역은 우리를 예수님과 더욱 닮아지도록 만들기 때문에 위대한 것입니다. 성령님이 역사하신다는 육체적인 느낌은 없지만, 때때로 성령님이 일하신다는 사실을 의식할 수 있습니다. 죄를 더욱 민감하게 인지하고 죄에서 벗어나고 싶은 마음이 생겨나기 때문입니다.

다음 질문을 통해 아이들이 자신의 삶을, 그리고 이 교리문답이 각자에게 어떻게 영향을 줄지를 생각하도록 도와주십시오.

- 칭의와 성화를 이해하였나요?
- 베드로가 택함 받은 자들을 격려한 것과 같이 희망과 용기가 생겼나요?
- 그리스도인이라는 이유로 자신을 불쾌하게

Notes

Notes

대하는 사람이 있을 때도 칭의 교리가 힘이 되었나요?

• 학교에 가서 성화의 과정을 어떻게 설명할 것인가요?

덕목 찾기

기쁨

베드로가 편지를 쓴 그리스도인들처럼, 자신이 박해를 받더라도 기쁨이 넘칠 수 있을지 아이들에게 물어보십시오.

기쁨은 행복과 다른 것이라는 점을 알려 주십시오. 기쁨은 하나님이라는 분과 하나님이 행하셨던, 지금 행하시는, 앞으로 행하실 일을 확신하는 것입니다!

성경은 희락을 "성령의 열매"(갈 5:22)의 목록에 올립니다. 성령님이 성화를 통해 그리스도인들에게 일하실 때, 그리스도인들은 상황이 좋지 않더라도 기뻐할 수 있습니다.

아이들에게 힘든 삶을 살면서도 큰 기쁨을 누리는 사람을 본 적이 있는지 물어보십시오.

암송 활동

암송 구절 또는 교리문답의 답을 프린트하고 각 단어를 반으로 자르십시오. 그리고 교실에 반을 숨기십시오.

아이들에게 암송 구절 또는 교리문답의 답에 있는 단어의 절반만을 주십시오. 단어의 나머지 반이 교실에 숨겨져 있으니 찾아보라고 하십시오. 아이들이 모든 단어의 반을 찾으면, 성경 구절이나 교리문답을 바른 순서로 조합하도록 하십시오. 그리고 아이들과 함께 읽으십시오. 그런 후에 몇몇 단어의 절반을 제거하고 다시 읽으십시오. 마지막으로 모든 단어를 제거하고 아이들이 전체 구절이나 답을 기억할 수 있는지 보십시오.

마치는 기도

하나님께 성령님의 능력으로 예수님을 더욱 닮아 가게 도와달라고 구하도록 하십시오. 아이들을 독려하여 예수님을 더욱 닮아 가기 원하는 삶의 특정한 영역을 생각해 보도록 하십시오.

문33

그리스도를 믿는 자들이 자신의 공로나 그밖에 다른 것으로 구원을 받을 수 있습니까?

답

**아닙니다.
구원에 필요한 모든 것은 그리스도 안에 있기 때문입니다.**

핵심 개념
구원은 오직 그리스도를 믿는 믿음으로만 가능하다.

목적
예수님의 죽으심과 부활이 구원에 충분하다는 사실을 알고 확신하도록 돕는다.

성경 본문
갈라디아서 2장 15–21절

암송 구절
"사람이 의롭게 되는 것은 율법의 행위로 말미암음이 아니요 오직 예수 그리스도를 믿음으로 말미암는 줄 알므로 우리도 그리스도 예수를 믿나니 이는 우리가 율법의 행위로써가 아니고 그리스도를 믿음으로써 의롭다 함을 얻으려 함이라 율법의 행위로써는 의롭다 함을 얻을 육체가 없느니라"(갈 2:16).

핵심 덕목
인내

Notes

기억하십시오

오직 믿음과 은혜로 인한 구원의 교리는 복음과 그리스도인의 삶에 근본입니다. 또한 이는 개신교의 종교개혁을 규정하는 교리이도 합니다. 따라서 아이들은 필수적으로 그리스도인의 삶에 이 교리가 의미하는 바를 이해해야 합니다. 이번 문답은 아이들이 예수님의 대속 죽음이 구원을 이루는 데 충분하다는 사실을 깨닫도록 도울 것입니다. 공로에 근거한 사고방식은 복음과 부합하지 않는다는 사실을 분명히 이해해야만 합니다. 이번 문답의 목적은 아이들이 그리스도를 구원의 주로, 온전히 그리고 완전히 신뢰하도록 돕는 것입니다.

수업을 계획하고 가르칠 때 기억할 것들

- 보통 아이들은 다른 사람을 즐겁게 만들기를 원합니다. 또한 착한 일을 해서 칭찬과 상을 얻으려고 합니다. 그렇기 때문에 아이들은 자신의 행동이 하나님과의 관계를 돈독히 하는 데 절대로 충분하지 않다는 것을 이해해야만 합니다. 반대로, 잘못을 저질렀다고 하더라도 회개하는 마음만 있다면 구원의 은혜에서 떨어지지 않는다는 것을 알아야 합니다.
- 아이들이 "자신의 공로로"라는 구절이 의미하는 바를 이해할 수 있도록 도와야 합니다.
- 인도자는 자신이 정한 시간 계획에 맞추어 이 문답에 있는 활동을 섞거나 수정할 수 있습니다(학습 계획을 예시한 13쪽을 참조하십시오). 그 요소들을 모두 할 시간이 없을지도 모릅니다. 여러분이 가르치는 아이들의 강점과 약점에 따라 각 활동을 자유롭게 응용하십시오.

기도하십시오

은혜로우신 하나님, 믿음의 선물을 주셔서 감사합니다. 예수님을 믿는 믿음과 신뢰하는 마음이 제 구원을 이루는 데 충분하다는 것을 드러내 주심을 찬양합니다. 제 삶의 영역에서 은혜보다 공로를 의지하려는 유혹을 느끼는 곳이 어디인지 인지하게 해주십시오. 아이들이 이번 문답을 잘 이해하게 해주십시오. 구원이 오직 그리스도를 믿는 믿음으로만 임한다는 것을 이해하고, 믿음 안에서 인내할 수 있도록 준비되게 해주십시오. 예수님의 이름으로 기도합니다. 아멘.

준비하십시오

- 접착 메모지, 아이 수만큼
- "문33 마르틴 루터 그림"(자료집)

문33 | 그리스도를 믿는 자들이 자신의 공로나 그밖에 다른 것으로 구원을 받을 수 있습니까?

- 종이
- 매직펜

Notes

🕔 교리문답 정리

아이 수만큼 접착 메모지를 준비하십시오. 접착 메모지에는 1부터 32사이의 숫자를 기록해 두십시오.

아이들을 모은 후에 아이들 등에 접착 메모지를 붙이십시오. 아이들은 자신의 등에 붙은 숫자가 무엇인지 몰라야 합니다! 각 숫자는 교리문답 번호를 의미합니다. 아이들이 할 일은 다른 친구들에게 자기 등에 붙은 번호의 질문에 대해 이야기해 달라고 물으며 그 번호를 파악하는 것입니다. 아이들은 그 질문에 대한 정보를 얻기 위해 필요한 질문을 마음껏 할 수 있습니다. 활동을 마무리할 때쯤, 아이들은 숫자를 파악하고 답을 말할 수 있어야 합니다.

🕔 문33 소개

"문33 마르틴 루터 그림"(자료집)을 준비하십시오.

아이들에게 마르틴 루터를 소개합니다. 마르틴 루터는 종교개혁이라고 하는 사건에서 굉장히 중요한 인물입니다. 종교개혁이 의미있는 이유는 이 사건을 통해 많은 사람이 스스로 성경을 읽고 진리가 무엇인지를 재발견했기 때문입니다.

마르틴 루터는 어느 날 굉장히 중요한 발견을 했습니다. 그는 원래 하나님과 평화를 누리기 위해서는 노력을 해야만 하고, 선행을 행해야 영생을 얻을 수 있다고 생각했습니다. 하루는 그가 성경을 읽다가 로마서 1장 17절 말씀을 보게 되었습니다. "복음에는 하나님의 의가 나타나서 믿음으로 믿음에 이르게 하나니 기록된 바 오직 의인은 믿음으로 말미암아 살리라 함과 같으니라."

마르틴 루터는 "의인은 믿음으로 말미암아 살리라"는 말씀을 읽을 때, 자신이 지금까지 완전히 잘못했다는 사실을 깨달았습니다! 구원을 얻기 위해, 또는 하나님의 은총을 입기 위해 무언가를 해야만 하는 것이 아니었습니다. 다만 하나님이 거저 주시는 구원의 선물을 받아들이기만 하면 되는 것이었습니다.

문33을 읽어 주십시오. "그리스도를 믿는 자들이 자신의 공로나 그밖에 다른 것으로 구원을 받을 수 있습니까?" 이 질문을 통해 왜 마르틴 루터가 옳았는지를 이해하게 될 것입니다. 구원은 믿음으로 말미암은 은혜로만 받는 것입니다! 자신의 공로를 통해서 구원을 찾을 필요도 없고, 가능하지도 않습니다.

Notes

활동

아이들에게 교실 가운데에 한 줄로 서게 하고, 인도자가 읽어 주는 말이 틀리다고 생각하면 왼쪽으로, 옳다고 생각하면 오른쪽으로 움직이라고 말해 주십시오.

활동을 시작하면서 구원이란 하나님의 심판과 형벌에서 구함을 얻는 것임을 다시 알려 주십시오.

다음 문장은 참인가요? 거짓인가요?

- 숙제를 제대로 하면 구원을 얻는다.
- 그리스도만을 신뢰함으로 구원을 얻는다.
- 그리스도만을 신뢰하고 어른들을 도와드리면 구원을 얻는다.
- 그리스도만을 신뢰함으로 구원을 얻는다.
- 엄마 아빠 말을 언제나 순종함으로 구원을 얻는다.
- 그리스도만을 신뢰함으로 구원을 얻는다.
- 그리스도만을 신뢰하고 교회에 돈을 냄으로 구원을 얻는다.
- 그리스도만을 신뢰함으로 구원을 얻는다.
- 십계명을 지킴으로 구원을 얻는다.
- 그리스도만을 신뢰함으로 구원을 얻는다.

의도적으로 왼편 오른편으로 움직이도록 하는 것은 아이들에게 구원에 필요한 모든 것은 오직 그리스도에게만 있음을 강조하기 위한 것입니다. 다른 행위를 하는 것도 절대로 잘못은 아닙니다. 그런 일들 중 많은 것은 그렇게 할 가치가 있습니다! 하지만 예수 그리스도가 구주이자 구속주로 완전히 충분하다는 사실을 아이들에게 강조하십시오. 구원을 받기 위해서는 그분을 신뢰함 이외에 필요한 것이 없습니다.

수업 개요

수업을 시작하면서 하나님께 도움을 구하십시오. 자신이 이번 문답을 신실하게 가르치게 해달라고, 아이들이 잘 듣게 해달라고 간구하십시오.

아이들에게 많은 사람은 착하게 살고 착한 일을 하면 천국에 갈 수 있다고 믿는다는 것을 말하면서 수업을 시작하십시오. 그리고 그렇게 말하는 사람이 있다면 어떻게 이야기할 것인지 아이들에게 물어보십시오.

예수님을 믿는 사람 중에서도 **여전히** 착한 일을 해야 천국에 갈 수 있다고 믿는 사람이 있습니다! 갈라디아서 2장 15-21절 말씀을 보면, 예수님이 십자가에서 이루신 사역으로 충분하다는 점을 알 수 있습니다.

갈라디아서 2장 15-21절을 읽으십시오. 아이들이 말씀을 함께 읽을 수 있도록 성경을 준비하십시오.

아이들에게 바울이 갈라디아 사람들에게 보

낸 편지를 다시 살펴볼 것이라고 말해 주십시오. 이 편지의 내용은 예수님이 십자가에서 행하신 사역으로 충분하다고 믿는 것이 얼마나 중요한지를 알려 주고 있습니다. 믿음은 선행이나 율법을 지키는 것으로 보충할 필요가 없습니다. 사실, 그러한 것들을 신뢰한다면 우리는 그리스도를 신뢰하는 것이 아닙니다.

아이들에게 16절을 보고 사람이 율법을 지킴으로써 의롭다 함을 받을 수 있다고 말하는지 살펴보게 하십시오. 바울은 율법을 지키는 것으로는 의롭다 함을 받을 수 없다고 분명히 말합니다!

아이들에게 그리스도인이 어떻게 의롭다 함을 받는지 물어보십시오. 바로 예수 그리스도를 믿는 믿음입니다!

때로는 구원을 하나님께서 값없이 주시는 선물로 믿는 것은 어려운 일입니다. 살면서 아무 대가 없이 선물을 받는 일은 굉장히 드물기 때문입니다. 삶에서 우리가 누리는 대부분은 일을 해서 얻어 내는 것입니다. 아이들에게 고된 노동의 결과로 얻는 것들이 무엇이 있는지 이야기해 보도록 하십시오.

바울은 의롭다 칭함을 받는 유일한 길은 예수 그리스도를 믿는 것이라고 말했습니다. 이 내용을 아이들에게 강조하십시오. 하나님과 관계를 맺기 위해서는 반드시 선행을 행해야 한다고 믿는 사람은 실제로 예수님이 십자가에서 행하신 일을 굉장히 하찮게 보는 것입니다(그러면서 자신의 능력은 굉장히 높이 평가하는 것입니다)!

그리스도가 하신 일에 무언가를 더해야 한다고 믿는다면 예수님의 십자가 죽음이 충분하지 않다고 믿는 것입니다. 아이들에게 이런 생각이 하나님께 죄송한 일이 될 수도 있다고 생각하는지 물어보십시오. 이는 예수님의 대속 희생 죽음이 충분하지 않다는 것을 의미하는 것이기에 하나님 편에서는 심각한 모욕입니다.

또한 인간은 하나님을 기쁘게 하지 못한다는 것을 잊지 마십시오. 선한 행위를 통해 하나님과 사람을 바르게 이어 준다고 믿는다면, 무가치한 것으로 판명 난 자신의 능력을 신뢰하는 것입니다. 예수님 외에는 아무도 온전히 하나님의 율법을 지킬 수 없기 때문에 하나님을 기쁘게 할 수 없습니다.

구원을 아는 유일한 길은 그리스도를 통하는 것입니다. 바울은 20절에서 그리스도 안에 있는 자들은 율법을 지키는 일에 죽은 자라고 말합니다. 이는 그리스도인들이 온전히 예수님의 죽음과 부활을 신뢰하고, 구원을 얻는 다른 방법이 있다고 믿는 것에 저항해야 함을 의미합니다.

아이들이 문33과 답을 기억하도록 도우면서 수업을 마치십시오.

이 내용은 단순히 수업 지도를 위한 것입니다. 가르치는 아이들과 상황에 따라 이 내용을 확장하거나 수정하십시오. 여러분의 말로 여러분의 이야기를 쓰십시오. 그리고 아이들에게 적절하게 응용할 만한 예화나 적용을 추가하십시오.

Notes

활동

아이들에게 종이 한 장과 매직펜 하나씩을 나눠 주십시오.

아이들이 "예수님 + 어떤 것 = 아무것도 아님"이라는 표지판을 만들도록 하십시오. 창조성을 발휘하여 자신만의 표지판을 만들게 하십시오. 아이들이 그림을 그릴 때, 인도자는 구원에 이르는 유일한 길은 예수님을 통하는 길뿐이라고 말해 주십시오. 예수님께 무엇을 더한다는 것은 복음을 쓸모없는 것으로 만드는 일입니다.

토론과 질문

아이들은 다음과 같은 질문을 할 수도 있습니다.

? 그리스도를 신뢰하면 율법을 지키지 않아도 된다는 뜻인가요?

그렇지 않습니다. 바울도 그렇게 말하지 않았습니다. 성경은 사람들이 그리스도를 믿는 믿음 외에 다른 수단을 통해서 구원을 찾을 수 있다고 믿어서는 안 된다고 가르칩니다. 물론 순종이 우리를 구원한다고 **신뢰**해서는 안 되지만, 하나님께 반드시 순종해야만 합니다.

다음 질문을 통해 아이들이 자신의 삶을, 그리고 이 교리문답이 각자에게 어떻게 영향을 줄지를 생각하도록 도와주십시오.

- 왜 어떤 사람은 우리가 선행으로 구원받을 수 없다고 하면 싫어할까요?
- 구원이 예수님의 죽으심과 부활로 충분하다는 사실을 알게 되었을 때 마음이 어땠나요?
- 학교 친구 중에 그리스도인은 그저 착하게 사는 사람이라고 생각하는 아이가 있다면, 믿음으로 말미암은 은혜로 인한 구원의 개념을 어떻게 설명할 수 있을까요?

덕목 찾기

인내

아이들에게 **인내**라는 단어가 무슨 뜻인지 아느냐고 물어보십시오. 인내란 상황이 아무리 어려워져도, 구체적인 결과를 보기 위해 오랜 시간을 기다려야만 해도 계속해서 가는 것을 뜻합니다.

아이들에게 다음과 같은 일을 하는 데 큰 인내가 필요한지 물어보십시오.

-  마라톤 경기

문33 | 그리스도를 믿는 자들이 자신의 공로나 그밖에 다른 것으로 구원을 받을 수 있습니까?

Notes

- 사막 횡단
- 우주 비행

갈라디아서는 인내를 되새겨 봐야 할 사람들에게 쓴 편지입니다. 그들은 구원이란 믿음으로 인한 은혜로만 임하는 것이라고 믿으며 신앙 생활을 시작하였지만, 어떤 사람들이 찾아와 구원을 받으려면 율법을 지켜야 한다는 생각을 불어넣었습니다. 그래서 이러한 잘못된 가르침을 버리고 진리 가운에 인내해야만 했습니다.

아이들에게 구원이 믿음으로만 임한다는 사실을 신뢰하며 그리스도인의 삶을 지켜 나가는 것이 쉬운지 어려운지 물어보십시오.

암송 활동

아이들을 몇 팀으로 나누어 암송 구절 또는 교리문답으로 연극을 해보도록 하십시오. 연습할 시간을 주고 차례대로 암송 구절이나 교리문답의 내용을 몸짓으로 표현해 보도록 하십시오.

마치는 기도

아이들이 구원을 주는 것으로 신뢰하고 싶은 유혹을 받았던 것들이 무엇이었는지 고백하도록 하고, 예수님의 죽으심과 부활로 충분하게 하신 하나님께 감사하도록 독려하십시오.

인도자 가이드 2

성자 하나님
구속
은혜

문34

오직 그리스도를 통해 은혜로만 구속받았는데도 여전히 하나님의 말씀에 순종하며 선을 행해야 합니까?

답

그렇습니다. 그렇게 해서 우리의 삶으로
하나님께 감사와 사랑을 보이고, 우리의 경건한 행실로
다른 이들을 그리스도께 인도하기 위해서입니다.

핵심 개념
그리스도인들은 하늘의 시민권자다. 따라서 이 세상에서 살아가는 방식도 그 영향을 받을 수밖에 없다.

목적
그리스도인의 정체성이 어디에 있는지, 그리스도인에게 따르는 즐거운 책임감이 무엇인지 아이들이 이해하도록 돕는다.

성경 본문
베드로전서 2장 9–12절

암송 구절
"그러나 너희는 택하신 족속이요 왕 같은 제사장들이요 거룩한 나라요 그의 소유가 된 백성이니 이는 너희를 어두운 데서 불러 내어 그의 기이한 빛에 들어가게 하신 이의 아름다운 덕을 선포하게 하려 하심이라 너희가 전에는 백성이 아니더니 이제는 하나님의 백성이요 전에는 긍휼을 얻지 못하였더니 이제는 긍휼을 얻은 자니라 사랑하는 자들아 거류민과 나그네 같은 너희를 권하노니 영혼을 거슬러 싸우는 육체의 정욕을 제어하라 너희가 이방인 중에서 행실을 선하게 가져 너희를 악행한다고 비방하는 자들로 하여금 너희 선한 일을 보고 오시는 날에 하나님께 영광을 돌리게 하려 함이라"(벧전 2:9–12).

핵심 덕목
감사

Notes

기억하십시오

아이들에게 구원이 그리스도만을 믿는 믿음만을 통해 은혜로 임한다는 사실을 지속적으로 상기시켜야 합니다. 아이들이 공로를 의지하는 사고방식을 벗도록 해야 하지만, 하나님이 베푸신 구원의 은혜에 감사하며 순종하는 삶으로 반응하는 법에 대해서도 가르쳐야만 합니다. 이번 문답은 아이들이 하나님의 가족으로 입양되고 하늘의 시민권자로 받아들여졌다는 사실이 얼마나 아름다운 특권인지를 깨닫고 다시 한 번 경탄하도록 도울 것입니다. 아이들은 선택받은 자, 거룩한 자, 존귀한 존재, 왕 같은 제사장이 된다는 의미를 깊이 생각해 볼 것입니다. 이번 문답을 통해 아이들은 마음속 깊이 하나님께 감사로 반응하고, 그 감사로부터 순종과 사랑이 흘러나올 것입니다. 그리고 하나님이 세상에서 자기 백성에게 주신 역할을 깊이 생각해 보게 될 것입니다.

수업을 계획하고 가르칠 때 기억할 것들

- 구원은 오직 그리스도를 믿는 믿음을 통해서만 가능하다는 점을 강조하십시오. 아이들에게 "예수님 + 어떤 것 = 아무것도 아님"을 새겨 주십시오!
- 그리스도인은 천국 시민권자로서 새로운 정체성을 입었으며, 반드시 왕 되신 하나님을 반영하는 삶을 살아야 할 새로운 책임을 갖게 되었음을 이해해야 합니다.
- 아이들이 순종하며 하나님을 영화롭게 하는 삶이 어떤 모습일지를 실제적으로 생각해 보도록 돕는 과정이 반드시 필요합니다.
- 인도자는 자신이 정한 시간 계획에 맞추어 이 문답에 있는 활동을 섞거나 수정할 수 있습니다(학습 계획을 예시한 13쪽을 참조하십시오). 그 요소들을 모두 할 시간이 없을지도 모릅니다. 여러분이 가르치는 아이들의 강점과 약점에 따라 각 활동을 자유롭게 응용하십시오.

기도하십시오

은혜로우신 하나님, 우리를 부르셔서 천국 시민권자가 되게 하심을 감사합니다. 제가 하나님과 함께 거할 집이 천국에 있으며, 제가 하나님의 보배로운 소유가 되었고, 하나님의 영광을 위해 구분된 거룩한 존재로 선택되었음을 확신하게 하시니 감사합니다. 저를 도우셔서 감사함의 열매를 맺는 삶을 살게 해주십시오. 제 삶이 하나님을 나타내는 위대한 증거가 되게 하십시오. 아이들이 이번 문답을 잘 이해하게 해주십시오. 구원이 믿음으로 말미암아 은혜로 받는 것이며, 우리가 하나님께 보여야 할 올바른 반응은 감사하는 마음뿐이라는 사실을 분명히 이해하게 해주십시오. 예수님의 이름으로 기도합니다. 아멘.

문34 | 오직 그리스도를 통해 은혜로만 구속받았는데도 여전히 하나님의 말씀에 순종하며 선을 행해야 합니까?

준비하십시오

- "문34 교리문답 정리"(다운로드)
- 테이프
- 다른 나라의 실제 여권 또는 여권 사진
- 유명한 사람의 이름을 적은 스티커나 라벨지
- 벽지 또는 달력 종이
- 배너 장식에 사용할 사인펜이나 색연필
- 화이트 보드와 펜

Notes

교리문답 정리

"문34 교리문답 정리"(다운로드)에서 질문과 답을 프린트하여 자르십시오. 테이프를 사용하여 질문과 답을 섞어서 교실 주변에 붙여 두십시오.

아이들에게 교실 벽면에 교리문답 1번에서 33까지 붙여 놓았는데, 순서대로 되어 있지는 않다고 말해 주십시오. 아이들이 함께 모든 질문과 답을 맞혀 보도록 독려하십시오. 몇 개는 읽어 주면서 아이들이 기억할 수 있도록 도우십시오.

문34 소개

다른 나라의 실제 여권 또는 여권 사진을 준비하십시오.

아이들에게 여권을 보여 주면서 여권에는 어떤 정보가 담겨 있는지 물어봅니다. 예를 들어,

- 국적
- 출생 국가
- 생년월일
- 사진

여권은 한 사람의 정보를 많이 담고 있습니다. 특별히 한 사람의 시민권이 어느 나라에 있는지를 보여 줍니다. 아이들이 입양에 대한 이야기를 나눴던 문27을 기억해 낼 수 있도록 도와주십시오. 누군가가 다른 나라에서 태어난 아이를 입양하면 그 아이는 입양한 부모가 속한 나라의 시민이 됩니다. 그래서 그 아이는 새로운 여권을 받고 부모님 나라의 언어를 배우며 그 나라의 음식을 먹으며 자라게 됩니다.

아이들에게 사람이 한 번 그리스도인이 되면, 천국의 시민권자가 된 것이라고 설명하십시오. 우리는 우리 하늘 아버지께 속한 시민권을 얻게 되고, 이는 우리가 살아가는 방식을 완전히 바꾸어 놓습니다.

문34를 읽어 주십시오. "오직 그리스도를 통

Notes

해 은혜로만 구속받았는데도 여전히 하나님의 말씀에 순종하며 선을 행해야 합니까?" 하늘의 시민권자는 하나님을 증거함으로 하나님을 영광스럽게 하며, 자신을 지켜보는 사람들에게 하나님의 모습이 어떠한지를 보여 주는 존재입니다.

활동

유명한 사람의 이름을 적은 스티커나 라벨지를 준비하십시오. 아이들이 쉽게 알 수 있는 만화 주인공이나 유명인을 선택하십시오!

스티커를 아이들 이마에 각각 붙이고 자기가 누군지 알아내야 한다고 말해 주십시오. 다른 친구들에게 어떤 질문을 해도 좋습니다. 하지만 "그렇다" 혹은 "아니다"로 답할 수 있는 질문만 가능합니다!

예를 들어 다음과 같이 물어볼 수 있습니다.

- 나는 남자니?
- 나는 여자니?
- 나는 동물이니?
- 내 머리색은 검정이니?
- 나는 늙었니?
- 나는 어리니?
- 나는 안경을 썼니?

아이들이 자신의 스티커에 기록된 인물이 누구인지 다 파악하면 활동을 마무리하십시오. 그리고 성경은 그리스도인들이 누구인지, 그리스도인들의 정체성이 무엇인지 분명하게 선언하고 있다고 설명해 주십시오.

수업 개요

수업을 시작하면서 하나님께 도움을 구하십시오. 자신이 이번 문답을 신실하게 가르치게 해 달라고, 아이들이 잘 듣게 해달라고 간구하십시오.

베드로전서 2장 9-12절을 읽으십시오. 아이들이 말씀을 함께 읽을 수 있도록 성경을 준비하십시오.

몇 분 전, 이마에 이름표를 붙이고 있을 때 자기가 누구인지 알기 위해 도움이 필요했다는 점을 떠올려 보도록 하십시오. 이 짧은 말씀에서, 베드로는 몇몇 그리스도인에게 그들이 누구인지 이해시키기 위해 노력하고 있습니다. 아이들에게 성경 말씀을 보고 베드로가 그리스도인을 묘사하는 데 사용한 네 가지 서로 다른 방식을 찾아보라고 하십시오.

누군가가 그리스도인이 되면, 천국의 시민권자가 되는 것임을 잊지 마십시오. 비록 그리스도인은 이 땅에서 잠시 살지만, 그들이 하나

문34 | 오직 그리스도를 통해 은혜로만 구속받았는데도 여전히 하나님의 말씀에 순종하며 선을 행해야 합니까?

Notes

님과 함께 거할 참된 집은 천국에 있습니다. 그래서 베드로는 그리스도인들을 "거류민"이라고 칭했습니다. 베드로는 그리스도인들을 두고 "택하신 족속, 왕 같은 제사장, 거룩한 나라, 하나님의 소유가 된 백성"이라고 말합니다. 그리스도인들은 다음과 같은 특징이 있습니다.

택하신 : 하나님은 사람을 택하여 가족으로 삼으시고, 천국 시민으로 삼으시며, 그들과 영원 함께하기 원하십니다. 그리스도인들은 하나님의 소유로서, 소중한 아들의 피로 사신 자들입니다.

거룩한 : 그리스도인은 하나님이 거룩하게 하시려고, 즉 예수님을 더욱 닮아 가도록 구분하신 존재입니다.

왕 같은 제사장 : 그리스도인들은 하나님을 직접 접할 수 있으며 하나님의 영광을 위하여 다른 이들을 섬기도록 부름 받았습니다.

하나님은 자기 백성에게 정체성을 주십니다. 또한 삶의 목적을 주십니다. 하나님은 천국 시민권자인 그리스도인들에게 새로운 방식, 즉 그들을 새롭게 입양하신 아버지와, 아버지가 통치하시는 하늘나라의 방식에 맞게 살아가기를 원하십니다. 하나님은 이 세상이 자신과 예수님에 대한 모든 것을 알기 원하십니다. 하나님의 계획은 그리스도인들을 사용하셔서 "너희를 어두운 데서 불러 내어 그의 기이한 빛에 들어가게 하신 이의 아름다운 덕을 선포하게 하심"(벧전 2:9)입니다.

아이들에게 우리가 선한 일을 하고 하나님의 말씀에 순종하면 하늘의 시민권자답게 행동하는 것이라고 설명하십시오. 우리는 사람들에게 우리를 입양하신 하늘 아버지가 어떤 분이신지를 보여 주는 자들입니다. 그리고 우리의 삶을 보고 그들도 하나님의 가족이 되기를 원해야 합니다. 그러나 우리가 선한 일을 하고 하나님의 말씀을 순종하기 때문에 하나님과 바른 관계를 맺게 되는 것은 아닙니다. 그리스도인들은 하나님이 베푸신 인자하심에 대한 반응으로 선한 일을 행하고 하나님의 말씀에 순종하는 자들입니다.

하나님은 말씀을 통해 자기 백성이 어떤 존재인지, 그리고 그들이 살아가는 목적은 무엇인지를 분명히 가르치셨습니다. 하나님의 백성에게는 하나님 백성으로서의 정체성과 해야 할 일이 있습니다! 아이들에게 그리스도인이 되었다는 사실이 마음을 벅차게 하고, 특권처럼 여겨지는지 물어보십시오. 천국 시민이 된다는 것은 사람에게 있을 수 있는 가장 놀라운 일이며, 하나님이 창조하신 세상에서 하나님을 섬기는 일은 엄청난 특권임을 아이들이 이해하도록 도우십시오.

아이들에게 그리스도인들이 세상에서 하나님의 좋은 증인으로 살아가고 있다고 생각하는지 물어보며 마무리하십시오. 그리고 어떻게 하면 하나님을 위해 살아가며, 그 구원의 은혜에 감사하며 하나님께 영광 돌릴 수 있는지를 이야기해 보도록 하십시오

아이들이 문34와 답을 기억하도록 도우면서 수업을 마치십시오.

Notes

이 내용은 단순히 수업 지도를 위한 것입니다. 가르치는 아이들과 상황에 따라 이 내용을 확장하거나 수정하십시오. 여러분의 말로 여러분의 이야기를 쓰십시오. 그리고 아이들에게 적절하게 응용할 만한 예화나 적용을 추가하십시오.

활동

벽지나 달력 종이를 준비하고 배너를 꾸밀 때 사용할 사인펜이나 색연필을 준비하십시오.

아이들에게 그리스도인의 정체성과 해야 할 일을 나타내는 배너를 만들어 보자고 하십시오. 아이들을 독려하여 배너에 넣을 적합한 성경 말씀을 찾아보도록 하십시오. 아이들이 우리가 그리스도 안에서 어떤 존재인지를 알려주는 구절을 선택하고, 어떻게 우리가 그 정체성에 맞도록 행해야 할지 설명하는 그림을 그리도록 하십시오. 배너가 완성되면 교실 벽면에 걸어 두십시오. 아이 수가 많으면 아이들을 몇 팀으로 나누어 배너를 만들도록 합니다.

토론과 질문

아이들은 다음과 같은 질문을 할 수도 있습니다.

? 제가 천국 시민인지 어떻게 알 수 있나요?

유일하게 구원을 베푸시는 분으로 그리스도를 믿었다면 천국 시민이 됩니다. 그리스도인은 하나님께 영생이라는 선물을 받았습니다. 이 땅에서 살아가는 것도 그 영생의 일부이며, 또한 하늘의 새로운 창조 세계에서 살아가는 것도 영생입니다.

? 감사하는 삶을 살지 못하면 하나님은 화를 내시나요?

그리스도인들은 예수님이 구주이자 구속자로서 충분하시다는 사실을 신뢰함으로 확신을 누린다는 사실에 집중하십시오. 그리스도인에게 임해야 하는 하나님의 분노는 이미 그리스도가 십자가에서 대신 담당하셨습니다. 하나님이 자신을 위해 행하신 일을 더 잘 이해하여 감사한 마음이 자라게 해달라고 기도하십시오.

? 선행을 하긴 하는데, 그 선행이 나를 구원해 준다고 신뢰하는 것인지 아니면 하나님이 나를 구원해 주셔서 감사하는 마음으로 하는 것인지 어떻게 알 수 있나요?

우리는 때로 우리의 마음을 움직이는 동기의 진의가 무엇인지 파악하는 데 어려움을

문34 | 오직 그리스도를 통해 은혜로만 구속받았는데도 여전히 하나님의 말씀에 순종하며 선을 행해야 합니까?

Notes

겪습니다. 하지만 하나님은 우리의 마음을 완벽하게 꿰뚫어 보십니다. 선행이 자신을 구원해 주는 것으로 신뢰하는 것 같아 마음이 쓰인다면, 이를 하나님께 고백하고 하나님만 온전히 신뢰하게 해달라고 구해야 합니다.

다음 질문을 통해 아이들이 자신의 삶을, 그리고 이 교리문답이 각자에게 어떻게 영향을 줄지를 생각하도록 도와주십시오.

- 그리스도인이 된다는 것, 그리고 천국 시민이 되는 것을 이해하고 있나요?
- 택함을 받았고, 거룩하고, 존귀하며, 왕 같은 제사장이라는 사실을 알면 살아가며 어려운 일을 당할 때 어떻게 도움이 될까요?
- 하나님께 감사하는 삶을 사는 것이 쉽다고 생각하나요? 아니면 어렵다고 생각하나요? 쉽다면 무엇 때문에 쉽고 어렵다면 무엇 때문에 어렵나요?

덕목 찾기

감사

하나님의 자녀가 된 사람은 삶을 살아가는 방식과 남을 대하는 방식으로 하나님에 대한 감사를 드러냅니다. 아이들을 두 팀으로 나누십시오. 첫 번째 팀은 하나님의 자녀가 된 것을 감사하지 못하는 삶을 살아가는 사람의 모습을 스킷 드라마로 만들도록 하십시오. 두 번째 팀은 하나님의 자녀가 된 것을 감사하는 사람이 주위 사람과 어떻게 살아가는지를 스킷 드라마로 만들도록 하십시오. 각 팀이 스킷 드라마를 다 만들고 난 후 서로 보여 줄 수 있도록 하십시오.

암송 활동

화이트 보드에 암송 구절 또는 교리문답을 적으십시오.

아이들과 암송 구절 또는 교리문답을 몇 차례 읽고 적어 보십시오(문33에 해당하는 말씀은 길기 때문에 일부만 적어도 좋습니다). 아이들 중에서 암송 구절이나 교리 문답을 다 기억하는 아이가 있는지 물어보십시오. 지원하는 아이에게 눈을 감으라고 하십시오. 그리고 인도자가 나머지 아이들에게 한 단어를 지정해 주고 그 아이들은 암송 구절 또는 교리문답을 읽으면서 지정해 준 단어를 말하는 대신 손뼉을 쳐야 한다고 지시하십시오. 지원한 아이는 암송 구절 또는 교리 문답에서 빠진 단어가 무엇인지 파악해야 합니다. 다른 지원자를 받고 또 다른 단어를 지정해 주면서 이 과정을 몇 차례 반복하십시오.

Notes

⑤ 마치는 기도

아이들에게 하나님께 감사하는 기도를 드리게 하십시오. 하나님께 우리의 삶을 통해 사람들이 하나님의 가족이 되기를 바라게 해달라고 기도하면서 마무리하십시오.

문35

우리가 오직 믿음으로 말미암아 은혜로만 구속받았다면, 이 믿음은 어디에서 온 것입니까?

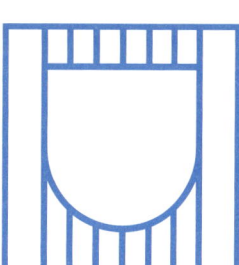

답

성령에게서 온 것입니다.

핵심 개념
성령님은 한 사람을 깨끗케 하고, 거듭나게 하고, 중생하게 하시는 분이다.

목적
아이들에게 믿는 사람의 삶에서 성령님이 행하시는 역할을 소개한다.

성경 본문
디도서 3장 1-7절

암송 구절
"우리 구주 하나님의 자비와 사람 사랑하심이 나타날 때에 우리를 구원하시되 우리가 행한 바 의로운 행위로 말미암지 아니하고 오직 그의 긍휼하심을 따라 중생의 씻음과 성령의 새롭게 하심으로 하셨나니 우리 구주 예수 그리스도로 말미암아 우리에게 그 성령을 풍성히 부어 주사"(딛 3:4-6).

핵심 덕목
인내

Notes

기억하십시오

이번 문답은 성령님이 그리스도인의 삶에서 어떤 역할을 담당하시고, 어떤 일을 하시는지를 조명하는 세 질문 중 첫 번째입니다. 성령님이 누구신지, 그리고 무슨 일을 하시는지에 대해 아이들이 이해하기 어려워하는 것은 당연한 일입니다. 이번 문답은 아이들에게 구원이 오직 믿음만을 통해 임한다는 사실을 새겨 주고, 성령님이 회개하는 죄인에게 믿음을 주신다는 사실에 집중할 것입니다. 또한 그 누구도 하나님의 은혜와 자비를 받을 자격이 없지만 오직 하나님이 인자함과 큰 사랑을 베푸셔서, 존귀한 아들의 죽음과 부활을 통해 사람들을 구원하셨다는 사실을 새겨 줄 것입니다. 이는 추종자들에게 구원받을 자격을 갖추도록 요구하는 다른 어떤 세상 종교와 구별되는 점입니다.

수업을 계획하고 가르칠 때 기억할 것들

- 아이들은 성령님의 위격을 이해하기 힘들어 할 수도 있습니다.
- 아이들을 충분히 이해시키지 못하면, 성령님이 믿는 사람의 삶 가운데 일하신다고 생각하는 것 자체가 두려울 수도 있습니다.
- 인도자는 자신이 정한 시간 계획에 맞추어 이 문답에 있는 활동을 섞거나 수정할 수 있습니다(학습 계획을 예시한 13쪽을 참조하십시오). 그 요소들을 모두 할 시간이 없을지도 모릅니다. 여러분이 가르치는 아이들의 강점과 약점에 따라 각 활동을 자유롭게 응용하십시오.

기도하십시오

은혜가 많으신 하나님, 저는 아무런 자격이 없지만 저를 죄와 사망에서 구하기로 정하셔서, 죄에서 깨끗이 씻김 받고 그리스도 안에서 새 생명을 얻게 하시니 감사합니다. 하나님의 은혜와 자비를 찬양합니다. 아이들이 이번 문답을 잘 이해하게 해주십시오. 아이들이 구원의 동인으로 성령님이 행하신 사역을 이해하고 즐거워하게 해주십시오. 예수님의 이름으로 기도합니다. 아멘.

준비하십시오

- 화이트 보드와 펜
- 접착 메모지
- 글씨가 들어갈 크기의 상자
- 두꺼운 판지나 지점토로 만든 ㅁ ㅣ ㄷ ㅇ ㅡ ㅁ 글자
- 선물에 붙이는 꼬리표

문35 | 우리가 오직 믿음으로 말미암아 은혜로만 구속받았다면, 이 믿음은 어디에서 온 것입니까?

Notes

- 아이들이 좋아할 무늬가 그려진 포장지
- 테이프
- "문35 우리는 누구였는가 말씀 찾기"(자료집), 아이 수만큼
- 작은 종이 상자, 아이 수만큼
- 사인펜
- 스티커

교리문답 정리

화이트 보드에 4×5 격자판을 그리십시오. 각 칸을 접착 메모지가 들어갈 크기로 동일하게 그리십시오. 격자 안에 무작위로 교리문답 21-30번의 질문과 답을 적으십시오. 각 질문과 답을 접착 메모지로 붙여서 가리십시오. 접착 메모지 위에는 A부터 T까지 쓰십시오.

한 학생을 정해 화이트 보드에서 한 글자를 고르게 하십시오. 그리고 그 글자에 해당하는 접착 메모지를 떼어 내어 질문 또는 답이 보이게 하십시오. 그리고 또 다른 글자를 선택해서, 전에 본 것과 짝을 이루는 질문 또는 답을 맞히도록 하십시오. 만약 아이가 짝을 찾아내지 못하면, 다시 접착 메모지를 붙여 그 칸에 있는 글을 가리십시오. 아이가 짝을 찾아내면, 접착 메모지를 가지고 있게 하십시오. 이 게임의 목표는 모든 질문과 답의 짝을 찾아내는 것입니다. 짝을 다 찾을 때까지 계속하십시오.

문34 소개

상자에 두꺼운 판지나 지점토로 만든 ㅁㅣㄷㅇㅡㅁ 글자를 넣고 상자를 포장하십시오. 선물 꼬리표를 상자 밖으로 나오도록 붙이십시오.

아이들에게 상자에 선물이 있다고 설명해 주십시오. 그리고 상자 안에 무엇이 들어 있는지 맞히도록 하십시오! 인도자가 상자를 열어 주기 원하는지 물어보십시오. 상자를 열면, 글자를 틀리게 조합하십시오. 그리고 어떻게 글자를 조합하면 될지 물어보십시오. 그리고 아이들에게 선물 꼬리표를 읽어 주십시오. 이렇게 적혀 있어야 합니다. "새롭게 그리스도인이 된 사람에게, 성령님이 보냄." 아이들에게 믿음이란 성령님이 값없이 주시는 선물이며, 새롭게 그리스도인이 된 모든 사람에게 베푸시는 것이라고 설명하십시오. 아이들에게 선물을 보고 무엇을 느꼈는지 물어보십시오. 아이들에게 새롭게 그리스도인이 된 사람을 두고 다시 태어났다고 이야기한다고 설명하십시오. 믿음의 선물을 주시는 분이 바로 성령님이라는 사실도 말해 주십시오.

Notes

문35를 읽어 주십시오. "우리가 오직 믿음으로 말미암아 은혜로만 구속받았다면, 이 믿음은 어디에서 온 것입니까?" 이 질문을 통해 성령님이 값없이 주시는 믿음이라는 선물에 대해서 조금 더 이해하게 될 것입니다.

활동

"문35 우리는 누구였는가 말씀 찾기"(자료집)를 아이 수만큼 복사하여 준비하십시오. 아이들이 다음 단어들을 찾게 하십시오.

- 타락
- 불순종
- 시기
- 어리석음
- 미움
- 증오
- 악의
- 종

아이들이 이 단어들을 찾으면, 바울이 오늘의 성경 말씀에서 그리스도인이 아닌 모든 사람을 묘사할 때 이러한 단어들을 사용했다고 설명해 주십시오. 그리고 아이들에게 이 단어들을 어떻게 생각하는지 물어보십시오. 아이들에게 이러한 사람이 하나님의 심판, 분노, 형벌에서 구원받을 자격이 있는지 물어보십시오.

아이들에게 아무도 하나님이 값없이 주시는 믿음이라는 선물을 받을 자격이 없다는 점, 또한 아무도 하나님이 값없이 주시는 믿음이라는 선물을 자기 힘으로 얻어 낼 수는 없다는 점을 강조하십시오. 믿음은 성령님이 은혜로 베푸시는 것입니다.

수업 개요

수업을 시작하면서 하나님께 도움을 구하십시오. 자신이 이번 문답을 신실하게 가르치게 해달라고, 아이들이 잘 듣게 해달라고 간구하십시오.

아이들에게 자신들이 지금까지 받은 선물들을 이야기해 보라고 하십시오. 그중에 자신의 인생을 완전히 바꾸어 놓은 선물이 있었는지 물어보십시오. 아이들에게 어떤 때 선물을 받았는지 물어보십시오. 그리고 생일 선물이나 성탄절 선물을 받기 위해 무언가를 했어야만 했는지 물어보십시오. 선물이란 이유 없이 거저 받는 것입니다. 사람이 받을 수 있는 가장 위대한 선물이 무엇인지 이야기해 주십시오. 그 선물은 바로 믿음이며, 믿음은 가장 의미 있는 선물로서 삶을 바꿉니다.

디도서 3장 1-7절을 읽으십시오. 아이들이 말씀을 함께 읽을 수 있도록 성경을 준비하십시오.

바울은 디도에게 회중의 그리스도인들을 어떻게 돌보고 가르쳐야 하는지를 이해시키기

문35 | 우리가 오직 믿음으로 말미암아 은혜로만 구속받았다면, 이 믿음은 어디에서 온 것입니까?

위해 노력하고 있습니다. 3장에서 바울은 디도에게 그들이 예전에, 즉 성령님으로 말미암아 믿음을 얻기 전에 어떤 존재였는지를 기억하라고 합니다. 바울은 디도를 독려하여 그리스도인들이 기쁘고, 경건하고, 순종하는 삶을 살도록 도우라고 합니다.

이 구절은 믿음이 어디에서 오는지를 분명하게 규명하며, 사람이 스스로 구원할 수 없다는 사실을 강력하게 알려 주는 내용입니다. 바울은 구원이 구주이신 하나님에게서 온다고 말합니다. 하나님은 자비와 사랑이 몹시 크셔서 아무 자격 없는 자들도 구원하시고자 다가가십니다. 아이들에게 5절 말씀을 보게 하고 성령님이 하시는 일을 파악하였는지 물어보십시오. 성령님은 다음을 통해 믿음을 주십니다.

- 씻음
- 중생
- 새롭게 하심

인간이 그리스도인이 되었을 때, 그 마음을 바꾸시는 분이 바로 성령 하나님입니다. 7절에서 바울은 디도에게 그리스도인은 하나님의 은혜로 의롭다 함을 얻은 자라고 설명합니다. 하나님은 예수님 때문에 그리스도인들을 죄 없다고 선포하십니다. 동시에 성령님은 그리스도인의 죄를 씻으시고, 새롭게 하십니다. 문25를 읽어 주십시오. "그리스도의 죽음은 우리의 모든 죄를 용서받을 수 있다는 뜻입니까?" 요오드와 표백제의 시연은 죄 씻음이 어떠한 것인지를 잘 보여 주었습니다. 그리스도인들은 다시 태어나 하나님 자녀가 됩니다. 아이들에게 성령님이 믿음이라는 선물을 주실 때, 그리스도인이 되어 하나님의 자녀로 다시 태어나는 것임을 새겨 주십시오. 아이들에게 이 사실은 이해하기 어려운 것이지만 나이가 들수록 더 깊이 이해하게 될 것이라고 말해 주십시오. 지금은 믿음이라는 선물은 성령님이 주시는 것인데, 아무런 조건 없이 하나님의 크신 사랑을 받은 자들에게 주신다는 사실만 기억하면 됩니다.

아이들이 문35와 답을 기억하도록 도우면서 수업을 마치십시오.

이 내용은 단순히 수업 지도를 위한 것입니다. 가르치는 아이들과 상황에 따라 이 내용을 확장하거나 수정하십시오. 여러분의 말로 여러분의 이야기를 쓰십시오. 그리고 아이들에게 적절하게 응용할 만한 예화나 적용을 추가하십시오.

활동

아이 수만큼의 작은 종이 상자 하나와 상자를 장식할 스티커와 사인펜을 준비하십시오.

아이들에게 상자를 하나씩을 나눠 주십시오. 아이들에게 상자 안쪽 바닥에 "믿음", 상자 뚜

Notes

껍에는 "성령님으로부터"라고 쓰게 하십시오. 그 다음에 상자를 꾸미게 하십시오. 상자를 꾸미는 동안, 믿음이란 예수님이 죄를 용서해 주시는 것을 신뢰하는 모든 이에게 성령님이 거저 주시는 선물임을 상기시키십시오.

---

⑤ 토론과 질문

아이들은 다음과 같은 질문을 할 수도 있습니다.

? 하나님이 믿음을 주셔야만 한다면, 저는 무엇을 믿을지 선택지가 전혀 없는 로봇과 같은 것 아닌가요?

아닙니다. 사람들에게는 로봇에게 없는 의지가 있습니다. 하나님이 성령님을 통해 우리에게 믿음을 주시지 않으면, 우리가 믿음을 소유할 수 없는 것은 사실입니다. 이 선물은 하나님이 우리 마음에, 예전에 전혀 볼 수 없던 하나님의 참된 영광과 선함을 드러내시기 때문에 오는 것입니다. 이것은 로봇을 프로그래밍하는 것과는 매우 다릅니다.

? 성령님이 제 안에서 일하시는 것을 느낄 수 있나요?

성령님의 역사는 놀라운 것이며, 두려워할 것이 아닙니다. 이는 육체적인 변화가 아니라 영적인 변화이기 때문에 눈에 보이는 물리적인 변화는 없습니다. 사람이 회개하며 믿음 가운데 예수님을 신뢰하면, 성령님이 새롭게 하심을 영적으로 자각하게 되는 것입니다.

? 모든 그리스도인에게는 그 안에 하나님이 살아 계신 건가요?

그렇습니다! 그리스도인이 된 모든 사람은 성령님이 주시는 믿음의 선물을 받고, 성령님이 내주하시게 됩니다(요 16:13, 롬 8:9 참고).

다음 질문을 통해 아이들이 자신의 삶을, 그리고 이 교리문답이 각자에게 어떻게 영향을 줄지를 생각하도록 도와주십시오.

- 스스로 구원할 수 없다는 것을 인정하나요?
- 신앙의 선물을 기뻐할 수 있나요?
- 친구나 가족이 구속자를 필요로 하게 될 때 성령님에게서 오는 믿음을 받기를 기도하나요?

문35 | 우리가 오직 믿음으로 말미암아 은혜로만 구속받았다면, 이 믿음은 어디에서 온 것입니까?

덕목 찾기

인내

아이들과 무언가를 지키며 살아간다는 것이 쉬운 일인지 어려운 일인지 이야기하십시오. 아이들에게 어떤 일을 하는데, 혼자 할 때와 누군가가 함께하며 지지해 줄 때 중 언제가 더 쉽게 포기하게 되는지 물어보십시오.

아이들에게 마라톤 선수가 달릴 때 길에서 구경꾼들이 보내는 응원을 감사하다고 생각할지 물어 보십시오. 응원과 격려하는 사람이 인내할 수 있도록 돕습니다. 성령님은 우리에게 믿음을 주시고 바로 떠나시는 분이 아닙니다. 성령님은 우리와 함께 머무시고, 우리를 격려하시며 준비시키셔서 우리가 믿음의 경주를 달릴 때 인내하게 하십니다. 아이들에게 성령님이 언제나 함께하신다는 사실을 알면, 어떻게 그리스도인으로서 살아가며 인내할 수 있게 되는지 물어보십시오. 또한 인내할 수 있도록 서로가 어떻게 도울 수 있을지 물어보십시오.

암송 활동

암송 구절 또는 교리문답을 아이 수만큼 프린트해서 단어별로 자르십시오. 수업을 시작하기 전에 아이들이 앉을 의자 아래에 암송 구절 또는 교리문답을 붙여 놓으십시오.

암송 구절 또는 교리문답을 아이들에게 읽어 주고, 그 구절 또는 교리문답이 의자 아래 붙어 있다고 설명해 주십시오! 아이들이 의자 아래에서 단어를 찾아 바른 순서로 조합하게 하십시오. 아이들이 순서를 맞출 때 도움이 되도록 암송 구절이나 교리문답을 읽어 주십시오.

마치는 기도

믿음이 스스로에게서가 아니라 성령님에게서 온다는 것을 아이들이 직접 이해하고 알도록, 그리고 이 사실을 기쁘게 받아들이게 해달라고 기도하십시오.

인도자 가이드 2

성자 하나님
구속
은혜

감사의 말

우리는 이 커리큘럼을 출간해 준 크로스웨이 출판사에 감사드립니다. 또한 날카로운 눈으로 편집해 준 타라 데이비스와, 이 작업을 감독한 데이브 드위트와 조쉬 데니스에게 특별히 감사하고 싶습니다.

리디머 시티 투 시티(Redeemer City to City)와 리디머 장로교회(Redeemer Presbyterian Church)는 복음 연합(The Gospel Coalition)에서 「뉴시티 교리문답 커리큘럼」을 만들 수 있도록 허락해 주었습니다. 「뉴시티 교리문답 커리큘럼」은 원래 티모시 켈러와 샘 샤머스가 작업하여 만든 「뉴시티 교리문답」을 발전시킨 것입니다.

존 템플턴 재단(John Templeton Foundation)에서 복음 연합에 너그러이 승인해 주었기 때문에 이 프로젝트를 수월하게 진행할 수 있었습니다. 초기부터 이 프로젝트가 지닌 잠재적 특성과 덕목을 믿어 준 리처드 볼링어와 사라 클레멘트에게 감사합니다. 또한 복음 연합의 벤 피즈와 댄 올스에게 감사합니다. 그들은 이 프로젝트가 단순한 발상에 지나지 않을 때, 존 템플턴 재단과 긴밀한 작업을 진행해 나갔습니다.

우리는 덕목 개발에 대해 조언과 생각을 제시해 준 풀러 신학교의 사라 슈니커와 킴벌리 그리스울드, 활동 내용에 대해 조언해 준 교육가 케이틀린 누너리, 아이들의 심리 발달에 대해 조언해 준 심리학자 브렌트 바운즈에게도 감사드립니다.

복음 연합의 베스티 하워드는 「뉴시티 교리문답 커리큘럼」의 편집 주간으로 섬겨 주었고, 콜린 한센은 신학 감수를 맡아 주었습니다.

가장 중요한 것은 이 커리큘럼의 주요 저자가 없었다면 이 커리큘럼이 열매를 맺지 못했으리라는 것입니다. 오크힐 신학 대학의 멜라니 레이시는 수년 동안 교리 교육을 지지하고 교회에서 어린이 사역에 몸 담은 경험을 통해 이 커리큘럼을 구성하고 각 과를 더 풍성하게 만들 수 있었습니다.

「뉴시티 교리문답 커리큘럼」이 나오기까지 많은 사람이 수고했습니다. 우리는 모두 아이들이 사나 죽으나 자신의 유일한 희망을 예수 그리스도께만 두는 세대로 자라나는 데 이 커리큘럼이 사용되길 소망합니다.

뉴시티 교리문답 커리큘럼 인도자 가이드 2

초판발행	2018년 11월 30일
지은이	복음 연합
옮긴이	죠이선교회 출판부
발행인	김수억
발행처	죠이선교회(등록 1980. 3. 8. 제5-75호)
주소	02576 서울시 동대문구 왕산로19바길 33
전화	(출판부) (02) 925-0451
	(죠이선교회 본부, 학원사역부, 해외사역부) (02) 929-3652
	(전문사역부) (02) 921-0691
팩스	(02) 923-3016
인쇄소	송현문화
판권소유	ⓒ 죠이선교회
ISBN	978-89-421-0398-0 04230
	978-89-421-0396-6 04230(세트)

책값은 뒤표지에 있습니다.
잘못된 도서는 교환하여 드립니다.
이 책의 내용을 허락 없이 옮겨 사용할 수 없습니다.

이 도서의 국립중앙도서관 출판예정도서목록(CIP)은 서지정보유통지원시스템 홈페이지(http://seoji.nl.go.kr)와 국가자료공동목록시스템 (http://www.nl.go.kr/kolisnet)에서 이용하실 수 있습니다. (CIP제어번호 : CIP2018035840)